明清科考墨卷集

第二十七冊

卷七十九
卷八十
卷八十一

林祖藻 主編

LITERARY TIMES
蘭臺出版社

第二十七冊　卷七十九

理

周環

理足從分處看

至聖有理之德，智之見下分者也，夫不得其分不可以言理也，至聖以智臨天下而理之德已具矣，且物相雜而文生焉，文也者取其比而合之也，然比而合之必更有以理而分之，使徒見天下之合而不能見天下之分，未足以語至聖之智也，吾得因文而進觀其理，今夫一人而治一事，秩然也，迨一人而治數事，則紛然矣，秩然者理也，紛然者非理也，一心而攝一事，判然也，迨一心而攝數事則棼然矣，判然者理也，棼然者非理也，而至聖之臨天下則無慮此，天下之理充塞無間也，至聖之心則能于無間者而得其

原評借上入合語之奇

精刻

中庸

間間此之所示最為微渺而自明者視之覺愜愜乎其有餘地焉
○還○字○詳○間○條○理○是○為○條○分○理析
故有間可入則極之参伍以變錯綜其數而皆有條而不紊雖深
宮敘處已仰聖心之會通矣天下之理渾淪無端也而至聖之心
○間○端○二○義○入○細
則能于無端者而得其端夫端之所見似為煩亂而自明者視之
覺術術然其有次序焉故有端可尋則推之大綱畢舉萬目咸張
○無○語○不○緊○切○
而皆以類而相從雖端拱垂裳已見聖心之脈絡矣且天地有自
然之數人能因之則為理其析之又析也非人之所能損其析無
可析也亦非人之所能益至聖實自有其整齊萬物者[illegible]然具于
○引○易○典○確○
方寸之間所謂雜而不越者乎一人事有百變之形人[illegible][illegible]之則[illegible]

理　　周環

至聖有理之德、智之見於分者也、夫不得其分、不可以言理也、至聖以智臨天下、而理之德不以具、識且物相雜而文生焉、文也者、取其比而合之也、然比而合之、必更有以理而分之、使徒見天下之合、而不能見其下之分、未足以語至聖之智也、吾得因文而進觀其理、今夫一人而治一事、秩然也、迨一人而治數事、則紛然矣、秩然者理也、紛然者非理也、一心而攝一事、判然也、迨一心而攝致事、則勢然矣、判然者理也、勢然者非理也、而至聖之憬天下、則無處此天下之理充塞無閒也、至聖之心、則能於無閒者而得其

（世家上文字節入極為精細）

（精就不能有別意折入）

（清減方醒）

問夫聞之所示最為微渺而自明者視之覺恢恢乎其有餘地焉故有間可入則條之參伍以變錯綜其數而皆有條而不紊雖深宮宸處已備聖心之會通於天下之理渾淪無端也而至聖之心則能於紛亂者而得其端夫端之所見似為煩亂而自明者視之覺秩秩然其有次序焉故有端可尋則推之大綱畢舉萬目其張而皆以類而相從雖端緒蕃襄已見聖心之脈絡矣且天地有自然之數人能時之則為撰其析之又析也非人之所能損其析無可析也亦非人之所能為至聖寞自有其整齊萬物者隱然具於方寸之間所謂雜而不越者乎人事有百變之形人能裁之則為

原評：理也，只是分。

至纖悉也而可命之以名，至瑣屑也而可紀之。亦以易對賾，賾與亂、惡猶惡，乃至實乎。是經緯萬端者，燦然列于退藏之地，所謂賾而不可惡者乎。夫臨天下者庶績之廣，雖付之百官有司，而萬幾之來則集于一日二日，書云一日二日萬幾。第幾 苟非有理之總，其何以別之而不至于淆乎。

研思深入，出筆清剛，一洗障翳理題所難。此得之山右者。

旁議參白雪軒選本。

理

周環

至聖有理之德、智之見於分者也、夫不得其分、不可以言理也、至聖以智臨天下、而理之德不已具哉、且物相雜而文生焉、文也者、取其比而合之也、然比而合之、必更有以理而分之、使從見天下之合、而不能見天下之分、未足以語至聖之智也、吾得因文而進觀其理之分、夫一人而治一事、秩然也、迨一人而治數事則紛然矣、秩然者理也、紛然者非理也、一心而攝一事判然也、迨一心而攝數事則棼然矣、判然者理也、棼然者非理也、而至聖之臨天下、固無慮此、天下之理、充塞無閒也、而至聖之心、則能於無閒者而得其

○傳○經○綸○裁○作○睹○抑○甚○精○

眼前○道理卻○自了當

仁○義○疏○密○[illegible]○[illegible]○其○能○

深入而簡出

閒夫閒之所示最為微渺而自明者視之覺恢恢乎其有餘地焉

妙

故有閒可入則極之參伍以變錯綜其數而皆有條而不紊雜事

有閒

庶紛投而未嘗或離其宗矣天下之理渾淪無端也而至聖之心

所謂全體之分

則能於無端者而得其端夫端之所見似為煩擾而自明者視之

紀秩秩然其有次序焉故有端可尋則推之大綜畢眾萬目成張

妙

而皆以類而相從雖疑似猝乘而無至或淆其原矣且天地有自

切端

然之數人能因之則為理其析之又析也非人之所能損其析無

切因乎天地意

可析也亦非人之所能蓋至聖寔自有其整齊萬物者隱然具於

有骨

方寸之間所謂雜而不越者乎人事有百變之形人能裁之則為

理至纖悉也而可命之以名至瑣屑也而可紀之以數至聖實自

有其經緯萬端者燦然列於事為之著所謂順而不可惡者乎夫

臨天下者庶績之廣雖付之百官有司而萬幾之來則集於一日

二日苟非有理之德其何以別之而不至於淆乎

語云是至聖川流之小德雖刻微至郄復純粹以精大異乎鑿

深而險仄者所以為至　閏川

理

周

焉知賢才而舉之　一節　　崇文　黃秉調　枚卜

慎舉者患在不知宜擴其知之量矣夫欲竭一人之舉則必限於知不若合衆人之知以無窮於舉仲弓慎於所舉乎故擴其知之量乎且以聖門高弟而屈在末僚可謂無知已矣尚敢言天下士（二句起高唱入雲）乎不知一己財莫伸於當世而斷不可使當世之賢豪錯過我而（此合聲勢題）雖聰明無自恃耳目有分司天下雖大可以一心運也其知先與擬（得線探驪動）之外終於舉賢才決仲弓慎重於舉而不敢強不知已為知者豈（居高宏江河音溫厚）蓋三代以上士以知希為貴三代以下士以自知已為漢則世之望我舉者殷也即令執舉一人慕舉一人猶恐延訪未殷莫伸其願

西令三案[illegible]二劉　論語

俊開門之與叔季之奔競所半屬私人盛世之公孤所知率皆
奚素則我之推其舉者宏也縱使百里亦舉千里亦舉猶慮諸謀
未遍莫副其薦則推轂之忱一焉知賢才而舉之仲弓蓋慎重乎舉
之難而不敢强不知以為知者也今夫知不易知知其所舉舉非
輕舉舉其所知知與舉豈專恃乎已者哉唐虞之盛也考言詢事
大聖有知人則哲之明當其時岳舉舜舜舉禹禹舉夔稷契皋龍
諸佐合九官十二牧之知悉舉以啟中天之治亮采惠疇一本乎
達聰明目此勳之所以稱放也昭代之隆也懋德懋功我王有[illegible]
訓宅心之典當其時文舉尚尚舉散宜生而太顛閎夭南宮适諸

人合三百六十屬之知盡舉以開景運之休後先疏附一本乎睿
聖廣淵此德之所以稱至也且夫知與舉之難也一患乎錮資格
一患乎重仕族門第與而世家子弟盡列公朝而草野有名賢不
過備員於末秩舉其所私則非知也我觀夷之知寗戚也販東海
之牛公孫之知共伯也易西秦之羖羊豈以仕族掩乎子擴此意
行之以爾所知引人之所共知鳳凰並集於朝陽蘭蕙叢生於幽
谷志同術而道同方豈忍會而他適哉資格限而當守銓衡盡由
政府而抱關有賢吏無從越秩而登階舉因例取則仍不知也我
觀彭仲爽申俘也一舉而為楚相冀大夫刑餘也一舉而作晉卿

筆調高老

清細熨色俱妙並非泛衍

此意千古同契

知豈以資格拘乎子體此意推之以爾之所不知盡人之所能知鳴鶴時聞好爵之縻懷王不抱空山之泣氣相投而心相合不且舍我其誰哉曰舉爾所知爾所不知人其舍諸仲弓可以知所舉矣

風格高騫逸情雲上此趙學齋先生評也當時吳頡雲謂此文熟讀百遍咀之而其味愈出前輩之服膺如此孫楷識

意味深醇詞旨溫厚不愧方家舉止

馬知黃

娶妻非為　二句

沈學臺科試長泰學一等第一名　陳梧岡　爾棲

養亦娶妻所時有、可通其說於祿仕矣夫娶妻為養原非娶之本心而有時乎出此焉是可例夫為貧而仕者今以倫紀之秩然也君臣而下莫先夫婦則婚禮者萬世之始豈徒為一身之計哉顧居室雖大倫所在而中饋為婦職攸司當夫日用常供不能身親其事至以婚姻之重為自便之圖此其委曲行權亦與縻好爵（側捺上文恰是不須神理）者一轍焉正當取以相證也如仕固有時乎為貧已既窮約之備嘗亦誰堪此抑鬱豈其婉孌自守無妨季女之飢與升斗之微沾遂強顏乎仕籍庶幾窶貧無嗟可免室人之謫用是不獲已而為此也吾以為是可借鏡於娶妻夫娶妻亦有所為也所為之意又（空提全句）豈漫無輕重之衡者哉萬福之原肇基於男女以似以續續古之人詩咏之矣如謂授之有室僅為餬口之資則佐而饔佐而飧者已大違夫御輪奠雁之本志君子之道造端乎夫婦有物有恒而家道正易載之矣（亦是尋常意義妙在以真致出之）必欲需備不時乃為燕婉之求則俟乎堂俟乎著蓄亦何貴此饋酏酒醴之縈心娶妻非為養有斷然者雖然事正未可一律論也今夫人當食貧居賤之時既少僕從之役孰為薪水之供則口腹累人將不免有旦夕之自營者其真難以遣此也乎（綺麗鮮明方之吳綾蜀錦）嘆美人之何暮莫慰三牲闕內閫以誰修難期一飽於是孰

計兼權思所以便於己者不得不出於娶妻之一途是為養而娶時亦有然何遽此乎故在先王之制為昏義也原未嘗以共牢而食者預為養之地而任匪異人則不妨以井臼是操勤勞以相夫子也人情所不能已者聖人弗禁（傳神止在阿堵中）娶妻又其顯而可據矣在後人（雅不酣俗）之行此昏禮也亦非盡於正位乎內者責以養之事而彼能辨此（雋有餘味）則甚賴此酒食是議謂可婦而謀諸婦也時事之無可如何者（一轉折合）能權娶妻正可援以為例矣而又何疑於為貧而仕也哉雖然為貧已非仕之正則亦善審其仕之所宜焉可耳

吐屬工雅玉茗流風　原評

教也序者　縣考南海一名　蔡尚鋆

即教以明校之義可進思夫序者矣夫取義於教所以教民於校中也由校而進觀乎序不可核其命名哉且州黨正之各掌其教也觀其會民於序與屬民於序似乎教不專在鄉校而兼在州序矣抑知立教自有明文因其聲即可通其義而設序非無至意繹其旨當先舉其名吾方歎義之合乎教者其義正無窮也吾又歎名之別為序者其名可進核也序之言養也而校又何所取哉假令仍有取乎養則養國老於東序養庶老於西序國家自具成規可統名之曰序者不必別言之曰校也然謂之為校蓋有取於教云帝世其方終矣使非教澤涵濡何以

別序有經明上古在寬之治術知咸宣夏楚所以婉美勳華者有如此敎也核其義而不同於養則校因敎名非徒援轉注諧聲之例王運其伊始矣茍不敎養備至何以次序有體開後世興德之宏模知化普澤所以垂型湯武者有如此校也詳其義而並隆於養則以敎言校非徒修圜橋鼓篋之文敎也校之取義與庠並見其為敎不將循循有序哉且夫敎術之隆非一日矣自司徒明七敎樂正立四敎不獨禮在瞽宗書在上庠敎之設可施於庠嘗考文王世子一篇凡學世子及學士必時習於東序是敎之設又通於序說者曰學敎也春夏學干戈共沐作人之雅化秋冬學羽籥同沾造士之隆規敎旣行於校者敎亦何嘗不可行於序哉然執敎而合言之序於校似隱同其實

教也序者　蔡尚鋆

取敎而分言之，校與序早顯異其名。試進觀夫序者，謂乞言於序，詔之者小樂正，具有專司，似序之為敎也甚大。然第以乞言觀序，未得序之所專屬也；徒以乞言觀序，未得序之所專屬也。東西廡規模甚嚴矣，試於羣老設席之餘，而觀施敎之地，能不深思夫序者哉。謂合語在序，說之者大司成特隆職掌，似序之為敎也甚詳，然但以合語論序，僅足見序之餘緒，而徒以合語論序，仍未得序之主名也。都鄙閭造就有地矣，試於養老引年之後，而觀立敎之所，得不實核乎序者哉。抑嘗考之，始之養也適東序，是序可以養，即可以敎，則執敎或可以概序乎。然詩稱序賓以賢，序賓以不侮，序之為序，蓋又取諸此云。

明清科考墨卷集

第二十七冊　卷七十九

排淮　館課一名　朱元祺

流道在排其所壅神聖先勞心於淮焉夫淮在南條之下固多所壅也禹纔決而先排之其勞心於淮也不已可見哉粤攷周官職方氏其言九州山川頗詳至於紀青州其川則曾及淮焉搜輿者往往執禹貢以為疑謂與海岱青州之説弗符不知青州居東而近於北而淮水實居北條之南是以值横流之日淮與汝漢皆為北水所遏而恒衝突於東南曠覧水土而稽禹功其所以去南條下塞壅者雖不僅留意於淮也而嘗先勞心於淮矣知禹固決汝漢矣夫汝至鹿邑即入於淮曩者楚人伐隨軍於漢淮之間則汝之枝津漢之上流亦旁通淮然而治水之策當

審地而制宜內高外下利用決內外俱平不可以決諸東亦不可以決諸西要惟因水道藉水力擴而去之濬而疏焉使沙石下墜沛然安瀾若是者排而已矣今夫胎簪固爲淮發源也而發源不已則其勢自浩瀚而無窮故胎簪近豫其浪尚微迨放夫徐揚遂積成洪濤而莫遏且潁尾即助洪瀾淪漪也而洪瀾淪漪驟逐則其流自泛溢而無歸故潁尾集徐其水已甚倘充以雒父更蓄成巨浸而爲災禹早知之所以汝漢既決而淮即先排蓋如排異端以崇正學相期共殲其蘖流使水性盡朝東而已惟然吾觀淮而有感焉居淮水以流連鼓鐘將喈後世每於此作遨遊之所夫其逍遙逸樂曾亦思古人之偉業否也想當年浩瀚淪胥幾莫辨山川之形勢禹也尋源竟委於汝漢既

決而外復向淮而先排之藉其勢以流通草木苞而水無停蓄去其淤之壅阻蒙羽藝而田判上中淮其既乂哉雖第排淮猶未竟其功然排淮已非易事也則禹之勞心可想也觀淮夷之所貢珠魚纖縞後人反謂厲民自養之私不知玉食優游蓋亦享其報於前功者耳念昔日滔天洶湧實難尋脈絡於洪流禹也竭智盡心覺淮沂之待排擠繼汝漢之決而益急排淮不克決汝漢導水已紊其後先既決而不復排淮流水依然其壅滯淮茲其導乎雖淮之排尚未竟其責而排淮更為急務也則禹之勞心甚逼也更有泗焉此禹勞心於此所以八年過門而不入也雖欲耕又何得哉

排淮泗而注之江　　黌雋集　張鐘杰

更去淮泗之塞注江即以注海也夫泗偕汝以入淮與淮共入海者而其勢則輔江以行也禹更排之即謂之與漢同注於江也可書有之沿於江海達於淮泗則知南條之水江為大而淮與泗其輔焉者也夫惟輔於泗而并去其滯水勢咸得分流亦惟輔於泗而同道之行水勢乃有歸宿吾得從決汝漢之後更述其功於淮泗且夫淮為江之外水獨行入於海者也泗為淮之合流偕汝入於淮以入海者也是故淮自入海於江無與泗偕汝以入海亦於江無與固不若發源嶓冢之漢水比矣乃當日禹之治江也既用其決而於淮於泗復取乎排也何居夫壅

而除其梗者利用決塞而通其滯者利用排彼淮水在江之南挾泗之流力能入海而地處最下淤滯尤多惟淤則滯滯則溢溢則恐一潰而不能收禹也既欲導江而入海而先令輔江以行者潰焉肆溢將外水不收内水亦亢江其能宴然入於海乎此排淮泗之功所以繼決汝漢之後也獨是淮始於桐柏泗始於陪尾其入海也則在揚州源流不逾千里不若江之出自岷山至於荆門經行幾萬餘里因而入海於揚道不同者勢不相侔則淮自淮也江自江也漢水入於江而淮與泗與汝則僅輔江而行焉耳雖欲注之烏得而注之雖然南條之水江為大禹之治水於揚也治江也江之外水不治則江無由治外水之近於江者不治則江終不能治故禹之繼用其排也通其塞即以

柳其狃而淮得順流矣淮順其流而泗與汝之入於淮者更順其流矣斯時若漢水之合為彭蠡者不為諸水所阻益得油油然注江以入海矣即謂之與淮與泗同注之江也亦宜何也泗入於淮偕汝以入海漢入於江亦偕江而入海而淮水入海之路與江水相輔而行其地同在揚州若匯於一塗亦諸一境者然故南條之水注海可以注江為斷而注江實以注海為歸的的歸源頭頭自道如讀桑酈之書

排淮泗　　貫珠集　潘同庚

又有勞心於淮泗者、排之之事亦大矣。淮接乎泗、泗入於淮者也、無以排之則不治、禹之勞心於淮泗、又如此、嘗讀書至導淮自桐柏、東會於泗、未嘗不歎水之為患、豫徐揚為尤甚也、蓋其源發於豫、其勢大於徐、而其流遂會合於揚、無以治之、斯三州之地、受二水之患、禹於此有勞心之事焉、如禹於南條之水、豈特決汝漢而已哉、同乎漢而為水之大者、莫如淮、自胎簪以下、經蒙陰之蒙、祝其之狶、而其流有逆行之失、則淮不治、同乎汝而為水之支者、莫如泗、由陪尾以來、或流於下邳、至乎彭城、而其勢有旁溢之虞、則泗不治、而且淮不治、則淮之水不東行、而不能與泗會泗不治則泗之水不西折而不能與淮遡吾恐艾山之流不能下匯於淮大野之澤不能南導於泗是淮泗不治而凡有近於淮入於泗者皆不治禹於淮泗當何如之勞心哉則見其於淮導之不使其有所滯而泛濫為災於泗會之不使其所有壅而潰漲為害由是有入淮之泗而淮之水利於流有入沂之泗而泗之水就於道書曰淮沂其乂言治淮即言治泗也非禹之排之不至此順而放之之謂排排亦瀹之之義也蓋未治淮泗而先思所以處淮泗者因順其勢以排之則自豫而徐而揚禹之勞心於排者非一足一手之烈也迄於今踰淮者歌有三洲涉泗者人同飛濟千年後猶賴其功矣而豈特淮夷貢蠙珠之餘泗濱來浮磬之材哉利而下之之謂排排亦决

之之方也蓋欲治淮泗而早得所以容淮泗者因利其機以排之則由揚而徐而豫禹之有事於排者亦勞心勞力之大也迄於今宋據淮以鎮中原魯守泗以為望國萬世下猶享其利矣又豈獨徐州之貢克浮揚州之貢能達哉是以障有川而使之東不獨於淮泗用排之之力順上游而就乎下又先於淮泗盡排之之功而注之江禹之勞心於南條之水者如此

運詞有筆於空中能見渲染斯為典題正宗

執圭

王友僑

記聖人之所執昭其重也夫圭以申信固君之所命也夫子往聘而執此其敢忽乎且凡諸侯之邦交殷相聘也而承命以往者繫惟諸臣是任故昔夫子仕魯隣以禮來既有為擯之名我以禮往後有出聘之使吾黨欲徵夫子之聘禮可首觀於執圭矣自天子剖符以來其命之五等者固有守圭以鎮撫其社稷而朝覲之時君實執之以為瑞自王朝分玉以後其頒之典瑞者又有瑑圭以通好乎邦國而頫聘之事臣實執之以為節以魯之列夫侯也信圭固制以七寸而以臣之所有事也聘圭則降夫一等一旦遣使

他邦則所以申信者在此圭而所以致命者在夫子之執矣吾觀圭之方將於櫝也君朝服南鄉以臨之而後宰取圭以授使則其受命之初君固甚重其圭而有惟恐失墜之意即圭之方受於使也卿大夫西面以涖之而後使由介以出授則當述命之際賓已慎守其圭而有不敢隕越之心由是入境布幕而圭於是乎拭焉賈人執而展之敬之至也而況入門之後賓將執以奉命而可不敬於奉持與由是設筵[illegible]命而圭於是乎放焉上介執而授之謹之至也而況升階之後賓固執以合好而可不謹於主器與拚先祧而俟命隣固以為是圭也傳諸先而不可忽也夫子奉圭以入

由西塾而至門右則先君之神靈其式憑於重寶矣繅藉二釆以陳之而豈等於執羔執鴈之常當楣拜而受玉隣固以為是圭也命諸君而不可褻也夫子襲執以進由升階而至西楹則吾君之好命儼若奉於當心矣絇組長尺以繫之而豈同於執贄執幣之儀蓋見圭即同於見君而君前豈容不敬重圭乃所以重國而國命何可或輕觀夫子之鞠躬而如恐失之而如其禮行於執圭矣

据典瑞之文補註所畧圭字獨見典核通首禮文該洽摹次入細而不逾執圭二字題分安得不推為名作

執圭鞠躬　不勝

科試錢塘縣學一等二名　朱鈺

敬著於執圭、承以躬而若形共歛焉、夫聘之用圭、常也、自夫子執之、而若有不克勝者、躬之瘁也、敬之至也、昔鄉黨記孔子在朝之容矣，入門則鞠躬如，升堂則鞠躬如，凡以凜君威也，若夫修好鄰封，拜君之命，得毋少軼乎，雖然、執主器與凜君威等，故其形從同（清寫有骨）而所以因物肖形之故，亦于是乎各著，試觀吾子之執圭，禮大夫執圭而使所以申信也，（莊重得體）昔者先王分封列辟以有此瑑圭掌于行人與桓信穀蒲而並錫、頒諸典瑞、偕旗常冕服以同尊以蕃王室以睦四鄰以和兄弟、反視此矣、豈不重哉、一旦辱在使臣、其敢不

浙江試

敬恪以將事方其載旌承命之時屈繅而授之者宰既鄭重以飭其儀文迨夫入廟行聘之日襲執而致之者賓尤敬慎以昭其慤折斯時苟有事于執圭亦誰敢亢身而前者雖然藉手東楹心存假易雖重輕也拜陳北面意厘貽羞雖輕重也惟我孔子若任重致遠有仁人之志焉若捧盈執玉有孝子之思焉記曰執主器執輕如不克〻者勝之〻謂也我孔子儼乎其不勝也（夬出如字）斷乎其非不勝也為擬其鞠躬之狀則以為如不勝云（冠晁稱迺不同浮監）夫以周天子屏藩之寄全藉此特達之圭而余小臣得仔肩任之是即五百里聲靈所付託也敢或克欽承揔覺惟躬之畀痒抑以魯國君聘問之禮全恃

此傳次之寶而余小臣得指臂承之是即十二公之世澤所式憑也故奉持不忒何敢俾躬之廢休第見心彌斂也貌逾恭也狀近俯也力似怯也非艱大而等艱大之役未隕越而切隕越之懼謂為勝任而愉快乎而不知聖人之心則惟恐往不勝為咎也抑聞之執玉高者其容仰執玉卑者其容俯高仰近驕卑俯近替孔子如不勝之容得無近于替乎乃進觀手容而又如衡之平也此聖人之執圭也

音節瞭朗汰盡俗氛此文之不墮時趨者

第二十七冊　卷七十九

執圭鞠躬　全章

宋　筠

覲聘禮于聖人敬與和有交致焉夫執圭敢不敬與而享禮私覿則又和也非夫子何能中節如是且國之有聘國以相屬以禮也顧禮有主于敬者貴以敬敬者凜咫尺之威有濟以和者貴以離離者洽主賓之誼求其周旋悉中也難矣吾夫子承君命而行聘禮既已奉主器將璧帛載私幣以問道所由也獨是君之命使朝服南鄉以臨遣之典至重矣亦欲其始終肅禮以為國光況在夫子而敢或苟乎哉吾見夫子之敬矣敬于何見于執圭見之何者習儀于境外且什襲之惟恐褻也今入廟而襄盛禮斂簡藏以昭瑞節之器

想○領○　言○焉○　假○道○詢○事○　遂○前○作○波○亦○是○補○筆　首○議○摛○筆○　典○按

王于中堂其尊賓也有加禮焉于小邑辱在下風敬琬急而[illegible]
之重夫子之矜而然歎始陵以加乎此乎乃亡何而敬禮紓矣亡何
而敬愈紓矣蹴然者則已寬矣非復如不勝時矣觀其手容則上然
下階自由矣非復如尊如授時矣視其足容則蹴然循得自適矣并
復如有循時矣任行觀其色勃如者變為有容矣有容者或遲焉
愉愉如矣非復足色時矣是何也則享禮私覿行于執圭後也乎
有皮幣之薦焉于是有庭實以陳同寮旅以贄之不易不獲奉之
時見惟恐不勝之任以為話辱非敢有請也繼者君之好已耳辭
輯矣而色亦如温然于是乎束錦以進焉于是乎乘馬以獻焉同

辰將一介之使，幸而公事既竣，惟是不腆之物，以遂為寵，雖敢言禮，（頂後詩平一會心）
也，外臣之私見已耳，辭愈卑矣，而色亦蕭如，和矣，自是就館還王贈
賄，燕享容節變易，而總異于執圭之時也，遂至命畢，遂歸執圭反命，（後補筆二段）
而夫子又必敬之至矣，適乎賄贈既告，慰勞既行，而夫子又必和之，（餘波以收致和）
至矣，夫子之于聘禮也蓋詳。（亦妙）

總擬聘儀，前後多用補筆，敘致精麗，花散綺錯，後二段兼得左氏
神韻。汪右緜

點鞠躬等句，全用反筆滾入下節，作一片敘，統不手法變，後補筆
會俱廻映，執圭享覿作餘波，妙甚，通體亦古雋可喜。

執圭

雲南孫宗師歲　入姚州一名　郁文華

聘禮莫重於圭、可以觀聖人之執之矣、夫圭爲玉器、固聘之、所最重者、記夫子之執之、亦曰可以執圭觀禮耳、蓋聞諸侯有封圭、亦有聘圭、彼躬桓蒲穀、國君親執之、以明天子以見、同列所謂封圭也、若遣臣聘、則不得執君之封圭、、無躬桓蒲穀之文、直瑑之而已、瑑圭减一寸、繅二采、雖下于封圭一等、而要亦爲諸侯之命圭、聘、則執之以申信、是以人臣而親承主器也、昔者夫子嘗聘于鄰國矣、竊見夫聘之時、固有制諸玉人、掌諸典瑞、錫諸天子、藏諸邦君者、是非所謂圭哉、主君甚重乎圭、故將行聘則朝服南面乃祓

原評引周禮春官典瑞、直捻圭字、特見分明。

圭字、有、作、一、重、頌。

櫝而取焉謂夫諱信修睦僻邀福于先王先公者惟此圭也鄰君
說得圭字甚重為下文張本
致敬乎圭故將受聘則當楣再拜乃側席而受焉謂夫考禮一德
俾結歡于同姓異姓者惟此圭也乃若魯稱秉禮之國固必取夫
方入本事清出挑字
圭以遺聘使子號知禮之宗自必受夫圭以成聘義而吾黨于此
正樂觀乎子之執圭矣當入境習儀之候每尊圭而不敢褻所以
雝朝服而不敢執也今則奉使而通信者儼然皮弁以進于西楹
引據精晰
說挑字典核絕倫
而在櫝之圭于是乎可執矣蓋觀于賈人坐取圉敢隕越以貽羞
挑字熨佳一
而子于是時由入門以升堂更不啻載王靈之赫奕而兢業以執
字不溢
之者也追入境展幣之餘第拭圭而不敢陳所以即告退而不敢

執也今則臨朝以擯賓者儼然皮弁以迎于大門而有繅之圭于是乎可執矣蓋覲于上介不襲罔弗恪恭以將事而予於是時由東面（細確）以致詞更不啻奉天威於咫尺而謹凜以撫之者也雖始而受圭于君子固當一執之禮所載垂繅以述命是也然受圭以致（緊起下意而仍如緊位）行矣若奉圭于列辟之庭者寔為民社奠安所由繫而寄託匪輕且歸而還圭于君子更必一執之禮所稱垂繅以反命是也然還立而北向未若薦圭于中堂之間者更為主賓情分所由通而儀（徐）文愈盛抑又聞之聘禮受璧琮而還圭璋輕財重禮之意也然聘（波亦麗）夫人以璋而聘君則以圭之更重可知矣是以執主器執輕如

不克予必敬謹之至云

考據詳明精核熟于前後襯托賓主陪映法絕異鈔胥余友無錫蔡孝廉宸錫留心三禮考訂數十年作此題文全據聘禮一篇點化切當校士姚州無一合作爰取其詞意改正是篇　原評

求書高閣對此尚有下手處耶取材聘禮襯筆無非補筆本〻元〻珪璋富文府郭曉昇

執圭　郁

執圭鞠躬如也　一章　江蘇張學院月課　高賓
鎮洋縣學一名

合敬與和以行聘、隆君命也、夫執圭奉聘以享以覿皆禮也、和敬與和各致焉斯真不辱君命者矣、昔夫子仕魯而與聘問之事不槩見豈史闕有間與、然而鄉黨一書誌之甚悉、自始聘以迄卒事、志敬志和其事真審歷歷可考焉、按聘禮之遣使也、君朝服南面爵使者命賈人啟櫝取圭以授宰、宰執圭垂繅轉授使者使乃受圭垂繅以奉命禮也、子為聘使意受圭承命將自必身容肅色容對手欲足容無弗恭且重而情皆不傳第傳其陳將時舉維時凡逆既設擯出請命斯須庭實未職獻也雖有束錦未敢請也維茲

思賦猶羣映起首作姿晉見之

說也下二節

一更進一層周密

介圭寡君實式憑之敢不執簡敬自左門既入以後東楹未受之

先所謂三讓升降三退負序者莫不移移有禮而其時更有維恐

失墜之意以著容儀達面目形四體盡執圭時之致敬熟熟也未

幾而嚴者少舒曰既聘而享也又未此而紓者似僅自既享而覿

也豈弛其敬哉聘以成禮享以達情禮主嚴情主和國交終也至

若人臣奉使不敢私覿此在從君聘者則然否則四方之設且及

輕減其君乎用下象上其色益和視執圭時之勃如遽有間矣

形雖謝不必如不勝也手不必如揖如授足躩躩亦不必縮縮如

也享則有容覿則愉愉其既聘後之和又如鹽春顏伸蹴

嚴謹而不拘本轍。但故安而弗肆。夫千之聘始終一和敬焉。所自是而後君使卿皮弁還玉于舘。夫子復升自西階南面而受圭。賓後補筆。夏命上介轉授賈人以藏諸櫝。迨載壇以送。夫子乃執圭以歸。命于君矣。

運匠所于典禮之中。虛實相兼。錯綜盡變。

執圭鞠躬如也　章　　莊大中

記聘而及於享與覿敬而將之以和也夫夫子之聘中乎禮者之執圭而極其敬焉享與覿而又極其和焉可謂不辱君命矣且天子制諸侯比年小聘三年大聘此聘於天子之禮也諸侯邦交歲相問殷相聘凡以脩先君之好而邀二國之懽是故相厲以禮慎則愧之不有夫子何以不辱君命禮諸侯受封天子授之圭以為瑞節居則守之出則執焉大夫執圭而使所以申信也魯侯國也圭用信繅藉七寸制也君曰寡人不忘舊好維茲命圭使于大夫執以通信維時夫子承命而出其何敢不敬未幾至鄰國上拜迎

于廟門內賓入門圭在手也躬爲之鞠正考父之銘曰一命而傴再命而僂其在斯乎禮曰執圭器執輕如不克敬之至也由是三揖而至階三讓而升堂視其手手與心齊上不過揖圭首與統綖平也下不過授圭末在膺襟間也禮曰入門主敬升堂主慎夫子之謂矣視其色色容莊非介胄而有不可犯之色也視其足足容重不暇攝齊而恐隕越舉前曳踵縮縮如也此將授志趨之時也由是北面而拜貺受玉以成好而夫子聘之事畢矣既聘而享庭實旅百天地之美具焉圭以馬璋以皮璧以帛琮以錦琥以繡璜以黼賓曰如天之福兩君相好不腆敝賦以來會時事主曰君不

忘先君之好使子大夫受命來聘重之以嘉貺儆邑之幸也致不下拜惟時衆介北面蹌焉夫子亦發氣滿容焉敬漸舒也知漸著也由是而禮賓饗食在朝燕賜在寢其間容貌之温辭氣之適不具載由是而私覿禮為人臣者無外交不敢私覿所以致敬也奉王錦束何為乎諸侯之庭既申君命因敘己情也曷為不言私面交臣者無常儀奉君者有專意也斯時和益著敬益舒禮不同于介圭是執之時而情尤篤于庭見紛陳之會吾見其愉愉如也則以為夫子既聘而後之事又如此夫聘以圭重禮也既聘而反圭此輕財而重禮之義也于是夫子復恭敬奉持以進曰予小臣既

賸而復命。

貫串禮經。援据典確。王峻夫師

古節古音。陳源一

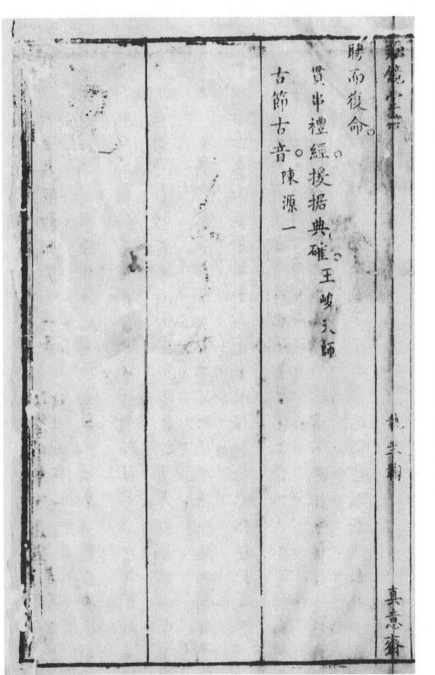

執圭鞠躬　一章　　湯　祚

徵、而能和、則人行聘之儀也、夫執圭之特子之徵、何如者、至于享禮私覿而和、又以漸加矣、于此可以觀聖人之聘儀、嘗攷周禮行人凡諸侯之邦交、歲相問、殷相聘也、通二國之信、安可隕越貽羞（虛冒不說出自是先正遺法）頫列國大夫來繼舊好如甯俞韓起輩、而外其能無失者蓋難爲則盍觀吾夫子之爲聘、魯秉周禮、聘列國五十有六、而子與其使（順叙提綜法）當其時入告于廟、出祖于道、齋旋實與焉、好幣皆具、乃授介圭攝（先倚勢于下句斷然字字恰好接入）卿以行（頓者）吾聞之國之鎮寶、頒之典瑞、其出以聘則用瑑焉、圭璋璧（提敍）琮二采一就、合幣物以享、以覿其精以申信、至大禮也、是故觀其

身容則鞠躬如也如不勝觀其手容則上如揖下如授觀其色容
則勃如戰色觀其足容則蹜蹜如有循蓋自境逆郊勞以及于擯
傳命競競焉惟恐有失甚矣其恭也聘禮畢享禮行瑞節入而信
通庭實陳而好接不懈悉敝邑之賦旅百具天地之美惟是邀君
餘以及君之執事而庶幾其鎮撫之當是時將幣廟中相不入賓
拜獻吾見子之有容色焉向之躬鞠如而色勃如者至此一變矣
自是儀既成矣自是而私覿行矣抑聞人臣無外交所以明不二
君也諸侯相朝從者以私見君子非之然而聘享既行臣請覿則
猶私覿也入自闈東非公事用臣禮也此無他大夫執圭而使致

○考○核○精○當○

君信亦申己信固與從君而出異耳旣東帛之終吉繼用圭之有

孚其再拜修獻如享禮其燕及卿大夫如享禮然而子之容則又（四○領○次○當○）

愉愉矣視向者發氣盈容更何如哉一夫聘至大禮也相屬以遣悞

則愢之魯固稍有不乎自是饗食還士宴好有加于于是後執以（趣○外○補○敘○法○）

行聘饗宴君二國界能相與以有成也

典核不蕪願得存史遺法　原評

執圭享禮私覿三項提綱下則誌聖人以象之和徵然界上詳

下偷腹藉以藏身多矣撰原經藉墻守重峻即為下識著其當

然之故真能以根柢勝人○寺作信圭緣註而悞今據典瑞略

典制大題　論語　桂崇嵒

一　下

典制以環。　論語　桂岩君

為改定至寬緩纔多處。亦就鄙意刪節。非敢弄斧。讀者諒之。

景嶽

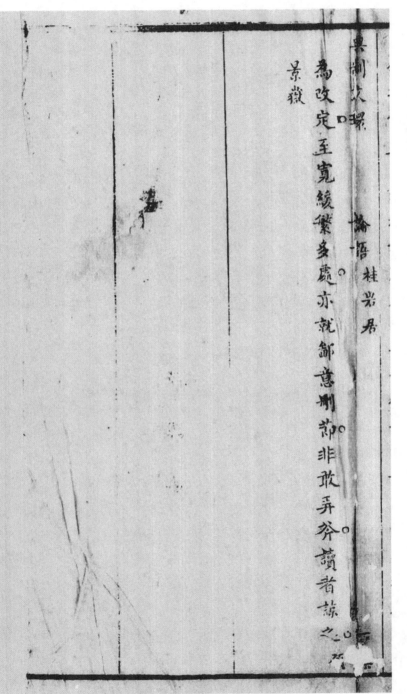

江蘇張學院歲入常州府一名 萬兆鼎

○○○執圭鞠躬

記聖人之聘、敬與和各中其節焉、夫執圭當敬也、享禮私覿當和也、各中其節、非聖人孰能之、今夫聘禮之不講也、適而國之信、而跛倚以臨、洽賓主之歡、而勉強卒事、不知禮有當用其敬者、無容玩忽而隕咫尺之威、有當用其和者、無事拘謹而傷款洽之好、吾黨嘗記夫子之聘鄰國矣、方夫子受聘于君也、君朝服南鄉以臨遣之出廟、端陳玉幣曰、子固嫻于禮者、夫亦知其不腆之儀、以往勤乃事、庶幾修好言旋、而為家國光乎哉、不其慫竊誌其執圭、是圭也、先王先公之靈、寔式憑焉、固非若瓷圭于磬、僅為告糴之資

社稷神虆之統寔攸寄焉更非若皮幣狗馬僅供獻享之用一旦
夫子執之其每懍靡及之意既結而蘊于中而戰兢惕厲之容遂
（從心說到身擬領數如字妥）
凝而成諸象一如執玉如捧盈乎時亦習敬謹之常乃至執圭而若
（原評一撇為整）
平時之敬謹猶近褻瀆乎容蔡足容重夙昔亦習動履之發乃至
執圭而若夙昔之動履猶似馳驅其敬也殆較之使擯而愈殷亦
（原評以卸為緊充兼遺）
較之入朝而更肅者也乃無何而躬則已不鞠矣手則已徐勝矣
上則已不如揖下則已不如授矣色則已不戰足則已不縮矣油
然自得若忘儼恪之誠藹然可親愈表雍容之致是豈勤于始而
（原評倒落有致）
怠于終哉蓋夫子斯時非以執圭也而享禮也而私覿也疑寔

之薦固寡君所命爲通乎者而天而君相見互相俯僧猶殷然笑
每得力于儀
語之相親今小臣拜手以獻敢不慇勤道意乎禮儀非不卒度也
以補爲縮
第視諸執圭之色則羽已有容並束鄉以進亦外臣所藉爲贄見者
也夫卿尹交歡縞紵申敬猶怡然情好之有加況今者大君之尊
敢不揖讓鳴謙乎進退非不有儀也而較諸享禮之色則益若愉
愉其和也又如此在夫子當敬而敬當和而和備四氣之用于一
原評
身夫固從容而自中在吾黨既見其敬旋見其和運左右之宜于
高雅
一息寔已目擊而道存夫子之聘隣國有如此
埋伏迴抱點化過樓居然隆萬巧法

執圭

蔡德晋

聘莫重於圭可以覩聖人之執之矣夫聘之用圭禮之至重者也夫子執之寧不足以觀禮哉且先王以六瑞等邦國以六摯等群臣故人臣惟執摯必國君乃執圭然臣為其君聘問列邦必有所執以通信則以人臣而執主器聖人尤兢兢也夫子於魯始仕為士則執雉既而為大夫則執雁由司空為大司寇攝行相事亦可執羔乃其奉君命以聘問鄰國而所執以通信者則君之圭也夫（賓他人此為正面矣文却叙得分曉）禮有封圭桓信躬穀蒲五等諸侯執之以朝天子而見同列者使臣出聘不得執君之封圭於是乎有瑑圭長減一寸繅皆二采雖

敬齋　論語

清

下於封圭一等然皆制自玉人掌自典瑞錫於天子藏于諸侯均
為命圭而同載王璽者也可易言執守哉二　自者吾魯以秉禮之
（三、語、挈、起、）
（通、局、先、輩○排、場、）
國而遣聘使夫子以知禮之宗而行聘禮吾正樂觀其執圭時也
魯用信圭七寸則聘圭以六寸可知禮當執玉必襲則夫子之襲
而執圭可知然而聖人動容周旋中禮於執圭時必更有可觀也
（以下八比全據儀禮）
方聘之初魯君之重圭至矣公朝服南向有司乃啓櫝取圭宰乃
（說得鄭重為下文伏案）
自公左授圭將邀福於先王先公而藉是圭以修睦隣封子執之
敢不凜我君重圭之意也及聘之日隣君之重圭又至矣公當楣
再拜乃側襲而受玉於中堂及賓出始授宰玉而裼降殆同心於

考禮一德而憑是圭以結歡而臣子執之敢不念隣君重圭之情也未入境而習儀朝服而無執尊圭而不敢褻也及夫子儼然皮弁以聘大夫納賓之及廟門而在櫝之圭可執矣於是賈人坐取而不起上介不襲以受授而夫子遂執之以入門而升堂甫入境而展幣拭圭而即退圭不敢執亦不敢陳也及主君儼然皮弁以迎几筵既皮擯者出請命而有繅之圭當執矣於是賈人垂繅以與上介上介不襲以與夫子而夫子遂執之以東面而致命出聘而受命子固嘗執圭垂繅以述命然受圭於我君而執之猶未若奉君圭於列侯之廷其寄托為尤重也將民社之慶視此一執矣

歌齋批

既聘而反命子亦必執圭垂繅以北面然還圭於我君而執之亦不若薦君圭於隣國之君其禮儀為益繁也將如天之福由此一執矣夫聘君以圭聘夫人以璋則執璋當不異於執圭而聘用圭璋璧琮既聘用享璧琮而還圭璋則執圭璋自尤重於奉璧琮而夫子之動容周旋中禮果何如者

考據詳晰又妙在用賓主襯筆法無鈔胥之病令人束縛不觀猥云用古多至填寔一倡百和塾師後生相習成風悠謬空疏而古學由茲大壞矣得此種文救之使知剿空取意者仍須於經籍求之平日考索原委無非佐我靈思長我議論俾通經與

帖括。不致兩途。庶幾復古之漸也夫。 碩震瀹

作此題者。一誤於不知儀禮而聘禮原委不能瞭然。再誤於不讀周禮。遂混封圭於聘圭。因謬襲謬。去題千里。按周禮春官典瑞職曰。王搢大圭。執鎮圭。繅藉五采五就以朝日。公執桓圭。侯執信圭。伯執躬圭。繅皆三采三就。子執穀璧。男執蒲璧。繅皆二采再就。以朝覲宗遇會同於王。諸侯相見亦如之。瑑圭璋璧琮。繅皆二采一就。以頫聘。冬官玉人職曰。玉人之事。鎮圭尺有二寸。天子守之。命圭九寸。謂之桓圭。公守之。命圭七寸。謂之信圭。侯守之。命圭七寸。謂之躬圭。伯守之。天子執冒四寸。以朝諸侯。

瑑圭璋八寸。璧琮八寸。以頫聘。典瑞疏曰本君親自朝。所執者桓圭巳下是也。若遣臣聘。不得執君之圭。璧無桓信蒲璧之文。直瑑之而巳。玉人疏曰瑑文飾者凡諸侯之臣頫聘。並不得執君之桓圭信圭等。直瑑為文飾耳。儀禮聘禮疏曰。出聘圭璋璧琮。則瑑之而巳。無桓信躬穀之文。又所執皆降其君一等。論語邢疏曰。諸侯之臣聘天子及聘諸侯。其聘玉及享玉降其君瑞一等。故玉人云。瑑圭璋八寸。璧琮八寸以頫聘是也。據此則封圭。聘圭。其繅藉有差等。其寸數有差等。以其制度俱掌於典瑞玉人。故均謂之命圭耳。謂聘圭卽封圭者誤也。此文得之。吳大年

朝服南向 君朝服南向使𩗗進使者使者入衆介隨入君揖使者進之上介立于其左接聞命賈人被櫝取圭垂繅不起而授宰宰執圭屈繅授上介上介受圭屈繅出出聘礼

聘圭聘璋 以圭璋聘重礼也已聘而還圭璋聘使行

礼於君用圭於夫人用璋其行享礼於君則束帛加璧於夫人則以琮受璧琮而還圭璋此輕財重礼之義也出儁義并註

執圭　四

執圭鞠躬如也　如授　仁和潘本義

即執圭以觀而身容與手容俱歛矣夫執圭任至鉅也即身容與手容觀之而聖人之敬何如者哉且昔先王分寶玉以錫康侯士亦謂爾群藩無自隕越無相參差以貽于一人羞也（吾於尊引）而況在修聘之使乎蓋拜嘉命于聽軒輊如不克而儼寵光于圭器捧則當心則即一時之奉使言征而歎仄凜乎心者亦畢六調其節夫已有形容於莫摹者矣吾茲于子之執圭觀之今夫圭也者上以揚天寶之休而下即以締友邦之好故蒲穀躬桓列辟亦珍其守器而（鳥鳳遠寫）獨至河山通積大君有命直不難舉而相屬而聿求勝任

行人況夫執之　策遣以授之臣亦揖讓而承之君故卿
士雖百僚自有其官常而獨至御雪事鄰封則國瑞惟隆蹉不妨
載而與俱而願矣匪躬于王路若是乎執圭綦难矣乃以覘夫子
則見其蹇躬如也拱璧何常而聳以當宁之聲靈則氣斂而形為
之屈所以正笏自著委蛇之素而執玉還呈磬折之形斯何其畢
以自牧歟而因以見其如不勝焉簡書可畏而怵以朝家之命物
則器重而辭亦彌矜所以樽俎非無折衝之業而圭璧斷同难任
之拔斯何其退然若怯歟且吾聞之執天子之器則上衡國君
平衡魯侯封也則圭之執也平衡屈所應爾乃或者斂抑在躬

執圭

魏嘉琬

聘以圭重可觀聖人之執己夫圭所以伸信聘義之至大者也夫子執之吾黨于是乎觀禮聞之禮諸侯以圭為瑞頒無事而藏王鎮先于祖廟有故而用繅藉呈自鄰封一時為之使者躬膺定器當有不輕乎承奉者也（若心為合明業亦古致潔落）今夫天子分藩班賜厥有封圭躬桓蒲穀至大禮也至頻聘以申信則惟瑑乃者何所謂圭璋璧琮是皇侯國也于聘亦用瑑是雖數六寸繅二采下乎封圭一等而制自至人掌諸典瑞頒不重哉龍旂載見親修入覲之文固必將五瑞以符信若遺介睦隣而實維文飾則穀璧遙載亦越乎二生一庶之

常玉趾惠臨躬合兩君之好固必出三就以伸情至使臣請信而玉藏櫝中則德誼遐孚亦並孚乎牙穀璇琰之重圭頒輕言執哉夫執亦不一地矣述命于東楹而自左尊受固嘗一執之然猶在主（洗清執字更一）君之庭非如他邦廟見而淑慝所係進接為難反命于北面而授（添不淇）宰敬歸亦嘗一執之然此在既事之後非若賓入門皇而備禮方將操持孔殷若是乎聘時歎圭洵未易也乃吾魯以秉禮之邦而（節奏上風）修好矣子以知禮之宗而致儀冕有九旒路有七就席有三重而（骨髮）斯有此圭以為殷問之寶不亦凜凜乎其重嬰夫賈人坐啟之際吾公朝服南面以致其欽崇亦謂結好除慝脩賑圭耳吾子承（從旁面寫透下意在裡許）

命而賦皇華則當入門升堂以還貴瑞節不虛載天威而精神自（補華）悚于此執也一祼圭以肆祀土圭以致時珍圭以徵守而惟藉斯圭以為報聘之禮不且赫赫乎其凜凜歟夫臨門達實之餘鄰君設心則襲而滌其辭讓亦謂念勳繼舊懸寄諸圭耳夫子皮弁以益國（補華）賓則由上介屈繅而後檢盛莊恍若膺藉濯而志氣自萃于此執（補華且是繅意不周）也一有藉無藉每區裼襲之殊吾子之辨服于當時者固必加講第（補季）念其東向致詞而重器盈懷寧無以副圭璋之望昆弟婚姻每及夫人之聘吾子之獻禮于小君者當有同凜獨思其中行告公而（文亦稱繁慮玉）賁明舉事豈無以昭鏘玉之輝覩其周旋中禮而譽于是始有聘

典制文環　論語　桂岩稿　一集

義矣

還圭字真面目一句混〻今始見斬新日月根經祗傳疏解明快蓋為紫陽功臣周禮春官典瑞曰王搢大圭執鎮圭繅藉五采五就以朝日公執桓圭侯執信圭伯執躬圭繅皆三采二就子執穀璧男執蒲璧繅皆二采再就以朝覲宗遇會同于王諸侯相見亦如之瑑圭璋璧琮繅皆二采一就以頫聘疏曰本君親自朝所執者桓圭以下是也若遣臣聘不得執君之圭璧無桓信蒲穀之文直瑑之而已冬官玉人曰土人之事鎮圭尺有二寸天子守之命圭九寸謂之桓圭公守之命圭七寸謂之信

圭侯守之命圭七寸謂之躬圭伯守之天子執冒四寸以朝諸侯瑑圭璋八寸璧琮八寸以頫聘疏曰瑑文飾也凡諸侯之臣頫聘並不得執君之桓圭等直瑑為文飾耳據此則命圭聘圭截然有別彼因註而混為一者大錯不攷且使之臣聘而果亦執命圭則如左傳宣公十四年楚子使申舟聘于齊又使公子馮聘于晉一時並出安得有兩副命圭耶　顧景嶽

執禮

向日貞

雅言又在于禮、功歸之于執焉、夫有禮而不執、雖云習禮無益也、終舉其要、雅言不又可誌乎、且儒者以中正為歸、未有無所執持（即摘執字）而徒從事于淹雅者也、苟兩間之載籍已詳、一身之範圍無自則慱而解約、不至泛濫無歸者幾何也（蒙上）、彼舉詩以為言（借執字又扣雅言）、勸懲已無弗備矣、然祇寄懷于鳥什、恐心與之相觸、未必形與之相依、舉書以為言、治亂已無弗悉矣、然僅致意于典謨、恐識與之相通、未必身（從禮字低一）與之相習、進觀雅言、不又有禮在乎、淺視夫禮者、謂秩敘止屬具（脊翻起執字）文、何事防閑于步履、經曲皆為縛節、寧須作意于周旋、必于此而諄諄焉其言之也失之迂深視夫禮者謂檢束自在身心求之官（高一層論）骸則已戔儀節非關性命詳之履蹈則已䠂必于此而娓娓焉其于言也失之泛亦知子之雅言者固不能離禮以為訓而子之雅言于禮者尤不能外執以為功乎好逸而惡勞人身固至易縱也（反面托所以要執）夫子曰有禮在與為縱曷如為斂也執之哉居處不敢傀視聽必嚴也嚬笑不敢苟言動必飭也稍有縱焉非禮矣淑爾躬慎爾止（身）亦如執玉者肅將而惟恐墜焉斯已矣（借点生姿）喜寬而畏嚴人心固至易（淺深）肆矣夫子曰有禮在與為肆曷如為敬也執之哉靜則與為存守乎天則也動則與為察循乎物準也偶有肆焉非禮矣制我性防（心）

我情亦如執盈者祗慎而惟恐傾焉斯已矣雖禮勝則離〻或不可以久處自子教之以執而後知文雖委曲功歸切近事〻飭諳當體而言不入于迂踈雖禮失則煩〻亦不可以終日自子教之以執而後知事雖繁重旨有要歸一〻返之躬行而言不流于泛

前領後○應一定之○法

鶩學詩之後繼以學禮性情治而身心亦檢學書之後繼以學禮政治明而坊表亦立子之雅言執禮者不與詩書有同功乎

握定執字方將禮字鞭粗入細方是夫子雅言之教此正路非閒道也起處蒙上脫下以後或從禮說或從學者說摠于執字有會法變化而不離其宗

邵庸濟

奢則不孫　全章　　吳韓起

聖人之意在建極、權之以其弊而益切也、蓋因奢儉等弊也、而治為寧固之説、聖人豈真欲以固治天下者哉、其意以為、君子將有[illegible]。于當世甚無樂乎已甚之説也。去已甚之説。矯之而已。未足以服之。勝之而已。未足以善之。惟夫宛轉圖維。使知我特不得已而出於此。（是立言本意。）雖欲不更化善治。粹然復出于正而不可得。今天下言儉者詆奢言奢者詆儉。其大旨歸於苟安耳。不則亦偏護耳。夫苟安則無以酌物理之極。偏護則無以服天下之心。吾且以奢與儉而衡之。謂奢無弊。（頓句。）（突兀。）奢則何能無弊。古者弓矢錫諸侯始征。狗奢之所至。誰不可以弓矢者。圭瓚錫。諸侯始奄。狗奢之所至。誰不可以圭瓚者。奢則不孫。斷斷如也。謂儉無獘。領句卓。儉亦何能無獘。古者衣冠濯浣。大夫以朝。狗儉之所至。并去其衣冠而可耳。豚不掩豆。大夫以祭。狗儉之所至。并去其登豆而可耳。儉則固。斷斷如也。夫以奢若彼。以儉若此。當此之時。苟神補。聖大大手。有為之君。必深求乎至德要道之總。建中和以斂福。敷蕩平以宜民。陰用其權於奢與儉之外。而人不覺。而一二賢達。有志畀[illegible]臣。亦不敢為因陋就簡之論。陰陽燮理。贊乎天子。休明鼓吹。被乎[illegible]。天下之固者。不孫者。惟其轉移而人不知自非然。者兩利相形則取。其重兩害相形則取其輕與其不孫也寧固而已矣嗟夫、固豈君子

奢則不孫 全章 吳韓起

所忍言。然而有志于風俗人心者。太上變化之。其次愧厲之。變化之。闇昱

道。一陵。經。濟。。數百年而一見。天造草昧。王綂闢闢。生于其間者。各虛志慮以[illegible]雜[illegible]。

朝。。。。。。廷之制作。而善美弗盡。即無以自鮮于雜伯小就之識。一懲。屬。一[illegible]

數。。。。。。百年而一用。世數衰晚。人事驕淫。適于其會者。各挾好尚以[illegible]祖

宗之風雅。而悔悟稍開。即可陰用為損過就中之始。不然。唐虞三代

之隆風。不可坐聽其衰息久矣。

補偏救敝別具苦心觀見立言之旨下筆似有神助韓慕廬

奢則不孫　寧固

江南胡宗師歲入無為州一名　季國時

聖人懲奢之失而始有取於固焉夫奢儉皆失乎中而不孫之與固則有間矣故與其彼也毋寧此概自世風之日下也先王中正無波之川蕩然無存君子觀于斯世又安有一之可取者不得已而為斟酌去就以說亦聊以云救而已矣蓋嘗周覽夫四方風會所由發皆本夫人情好尚所以異概想夫舉世流弊之所極以權衡夫斯道轉移之故辟而不禁亦念于奢與儉也其至制禮有以多為貴者是中也而非奢也乃無如人之緣于奢者何也有以少為貴者是中也而非儉也乃無如人之狃于儉者何也土物之末

[illegible]大編　論語　白雪齋[illegible]本

[illegible]本大編　論語　白雪[illegible]本

竟奢異物布帛之弗重而重文繡其弊也禮可犯矣分可越矣
其樂不足以威儀為綏而安于簡略以外觀為飾而習于矜誇其
弊也文多靡矣行多鄙矣是則固一若是者辨名定分之序宜攬籓
頓往上萬孫一亦寄
莊以制尚也冠裳丈物之天下猥草昧以貽譏也尚何敢爾哉然
隨上出救弊深心　一轉一脈章法森嚴奇
而且趨于失者時也不能盡反於中者勢也所可酌量于失之甚
民與不甚以擇其去取者吾儒之微權也今試立奢者于此夕試立
反三次較而奢之害大矣已見
儉者于此一一則為其所不當為而憑陵漸及尊上二、則不為其所
可為而剌譏止及一身一、則雍可歌佾可舞王章日瀆而禘且莫
底一一、則衣可澣冠可濯褊心致諷而去則無他一孰得孰失何去何

從忠有能辨之者矣昔是以斟酌奢與儉之間以為與其不孫也毋寧固此若夫先王中正無陂之則與夫貴多貴少之文則挽回世道者其亦有責也夫

（仍補還正貞與起句相應）

好作波瀾多樹幟戟時文通病。看此樸講質實淺深相蒙首尾一氣無隣次排比之迹。原評

循題位置節奏安和品居最上。原評稱其質實然文系正復何嘗不煥發也。張魯與

奢不至不孫儉不至固御定中禮處必如此始為無弊聖人原非會衷乎間不得已為救時之說耳文于奢儉後提明此一

晉存前袒有兒孫下。將奢儉頭住。寫不臻與固之弊。均無足取。收束上半篇。則聖人立言之旨已出。欲後轉入正面。而不遽發出與其字寧字。再將奢若何。儉若何。不孫若何。固若何。平列發量而選義。自透與其字寧字。一點便醒。首尾一氣。旋折全體靈動。與尋常逐步挨講。筋弛脉懈者不同。末仍以禮貴得中意作收。與起處遙應。綜構綿密。局度渾成。遒真先輩名程。正派宗張優

奢則不孫

○○奢則不孫儉　一節

蘇松劉道尊觀風　周龍藻
吳江縣學一名

聖人權奢儉之弊而欲矯其甚焉夫固非聖人之所尚也然由奢儉衡之而弊在固者猶不至如不孫之甚是以寧酌取之且君子之際其盛則務反乎中值其衰則先矯其弊故生平補法先王原未嘗謂樸陋之可尚而特以浮靡所積舉世習為固然則擇害莫若輕亦愛時者所宜審量也一開之固儉則示之以禮明儉之不泥以治天下也故古風可作猶將進唐魏之遺俗而澤之以詩書文治可與猶將返忠質之人心而被之以禮樂而無如今之失于奢者比比也當其始服御所陳不過狥其意之便而怙侈日甚遂至僭軼乎規矩吾不

一筆挈起全篇局勢

原評高一層說入然為與其字寧字作勞

側出有法

知當其始。章采所飾。不過彩其習之華。而典物無章。必至顛悖乎名教而不頒。不孫如此。以視儉之僅流為固者。何如耶。一夫固之在人。不

（抱同字逆振）

（六句下句歛）

可謂非儉之弊也。而以吾反覆思之。覩被髮之祭者。雖傷其法紀之

（衆扎才情若垂雲長波瀾）

淪亡。歌蓼莪之絆者。尚諒其衣裳之樸素。論豚肩澣濯之事者。雖常以儉不中禮。貽大雅之譏。遡素車白馬之風者。尚願以禮失求野。挽末流之變。則與其不孫也。寧固而已。上下之分淆。非從其本以正之不足變一世之人心。而特以西京之鼓鐘。不能驟復。不得已姑小之以周。使歌雍舞佾之家。咸知其失。而寧以簡略為可安。則嗇諭亦因

（由題中逆字出）

之稍息矣。若是者。吾願與天下之人。審之度之。名義之閑廢。非盡其

奢則不孫儉　一節（論語）　周龍藻

制以坊之不足維百代之風俗而特以元公之官禮不能遽旋不得已先矯之以固使贈芍采蘭之俗盡悔其非而寧以鄙儉者無罪則淫汰亦因之漸衰矣若是者吾願與天下之人衡之量之然則者豈謂固為可尚哉但較之不孫而其弊未甚故寧有取焉使他日者內奢返儉而後以先王之典章文物鼓吹休明此則吾所旦暮以望者也

对似不甚切

波宕起伏

時文古文法同而体異雕琢其章彬彬文質制舉業之正宗不得不推崇箇此種張日容

純取側勢步步為題中虛字着神得机得局其領澈無非書卷則

本朝直省考卷篋中集　論語

本輸直省考卷篚中集

門容之言良允

奢則不

周

論語

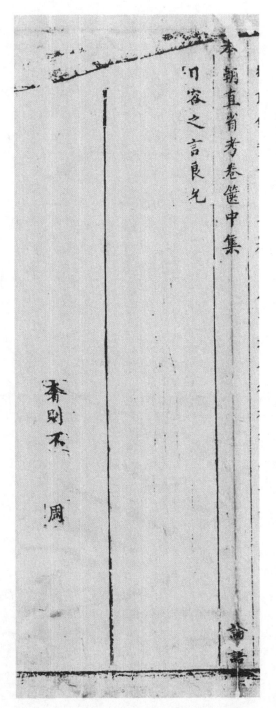

奢則不孫 一節

國子監吳少司成明課一名 徐念祖

聖人論奢儉之弊權其已甚者而急去之焉夫奢儉均弊乃奢之為弊也大率固無不遜其吾子救時之論也夫且以先王制禮之（原評：五入奢儉反正字不雜與固不相梅？）乎其中而無奢也無或儉也而吾之權衡其間者則且同其（說折）也寧儉豈謂奢則有弊而儉顧無弊也哉蓋奢則必不遜矣吾未見有侈然自放而能留餘地以讓夫尊於我者也儉則必固矣吾未聞（轉換）有簡約是崇而尚留餘地以自文夫其身者也則二者之均有弊無疑也然至於不遜而倍有不忍言者一人而為不遜而大亂之道在一人矣人人相率而為不遜而大亂之道在天下矣君子是以循循

原評

一路跌宕抑揚如抗如墜
乎不敢奢也惡其不遜也循循乎其不敢儉而尤不敢以奢也惡不
遜之甚於其固也一由是意也奢儉二者無非其心之所欲去而其欲
去奢之心則人不啻百倍而不能一日緩者也其皆去也斯亦已矣
竟用此句陪寫齊備
不然而與其奢也寧儉而已矣所以然者固不遜二者皆其情之所
避欲避而其避不遜之意則又不啻百倍而不能一息就者也其皆
避也斯亦安矣不然而與其不遜也寧固而已矣抑有說焉奢然無
以大進一層原評議論極引證游絲裊空
奢者原其弊之所由生而辨之者也寧固無不遜者推其弊之所必然
極而言之者也夫人情之好奢亦已甚矣原其弊之所由生而其不
推出說他不孫之故
然吾言者猶可曲為解曰儉不可也與其儉也吾寧奢而吾無以勝

也一推其弊之所終極而苟其天理之未盡亡人心之不盡泯則必不

（原評：此六言以處之。）

猶不然吾言而吾能明為辟曰不遜可為也與其固也吾寧不遜則

彼說亦有所不勝而反而求之必將有不得於中者則廢乎天下之

勢其猶有所救而不至於亂與無然吾之為是說者聊以商訣者不遜

（原評：警傳）

者而竊不顧因者聞也夫惟天下之盡不遜也則固不如其固矣苟

天下之悉固也又當進以中矣不然奢則不孫一弊也儉則固亦一

弊也吾將以救天下之弊而傾導之弊哉其不幸而有是言則亦於

無可如何之時聊亦為無可如何之論而已矣

曲折辨晰追取與其寧守神味有觸佯恣肆之奇。劉大山末句最易說成與其奢也寧儉話頭。文卻偏借寧儉陪說。本題恰好作彼處註脚。而議論自移掇不去。此亦善於求間出新之法。中用寧儉陪出寧固。復言寧儉之說。不如寧固之更無推敲。乃一意翻作兩層法也。

奢則不　孫

華周杞梁之妻　周茂源

齊婦之賢，當亦名非載籍也，夫婦人之表見者罕矣，華杞亡而其妻卒顧章無賢行可嘉哉，且棄婦有析梁之嘆，丞足多行邁之憂，此固（何其快俊自然）異事而同感也，苟然同歸，然淵衷知至貞，何如婦道何顧，吾采季蘭之逸響，憬形音之遺蹤，竊以為反覆勝也，即矣似王豹解物能移俗（深沉彰妙入神）聽乎，夫下旅偏能見感歟，曼聲以列使為工，將使二子無禮長則唯美人傾國也，然執詞而由歟，尚無取焉，所獨難者，身為未亡之人耳大梁而欲求才歟，歌者之賜，固且亦將使二子無侔，架則唯壯士守（何語遒雋渺然）渴也，然思伯而首疾，仰自憐焉，所更酷者，長為死事之室耳，昔者齊

本朝考卷清雅集　孟子　順治

襲莒華周杞梁殖焉非特兩人然且兵也其妻亦烈女哉妻于備而
忠孝英武禪晒勇所由來也華周杞梁能以一死緩報其君則其不幸
千秋不朽門戶明其矣第華氏杞梁而杞梁徒見歎獲蒐者還也申信
紀績也莆豪絢約為猶莆之烈皆當牧即其妻貉沉乎笳鐃多贊允
畏而有不為公議矣而法情繞小成善懷伊可法也華周杞梁之
宴必不以單案幡其躄乃其不忘乎髮譬或未可知矣華杞婦辭也
而單妻学彼路畏意青縮耶臭妻而还也無婦頌菲為女士之靈咸
可謂故其家乘況今封徙不從又與雅啖謝以也爾之如皐射雉則
言務也猶以謂嘉禍不再更苟欲求順其志豬不可以無十矣寂之

惟房之際內諱無聞今遂成二婦之名者止由夫烈士之同日也盤（吳批：歸重二字是賓）
飧實璧則藏宮之禄以見女智莫如婦亦有不用爾謀遂將不協于（何批：開闔）
義矣騷騷京觀之間國殤無算今卒令二勳不泯者未必非黎婦之（吳批：歸重共妻是主）
瀝芳耳嗚呼哉或泣盡哀而城隅崩隤雖天地且為震悼而況人乎
陽譖誅曹娥碑傑作絕思同工共朴　呢瞻先生
綺貫繡錯雖復雕琢無非古氣　吳氏程曰左傳禮記皆無華周
妻哭事不過帶說即以無訛者為証長人丘黎正在隸事活變

莫春者春 而歸

王世琛

狂士即境以言志，有極其自得者焉。夫君子無入而不自得，借意適而風浴詠歸，點之遊樂矣，要亦適如其為莫春云爾。想其意曰：吾觀士君子之志，類皆有所待而後伸。夫必有所待而後伸，則當前之不獲伸者，固已多矣，而點之志不爾也。然思天地甚大，與性不可以[illegible][illegible]倚仰莫寬，何時不可以鳴豫，即如今日者，非莫春時，即以日則[illegible]以景則以，以風則和，以泉則溫，以卉木則欣欣而向榮，以人物則嬉嬉而樂遂。當斯時也，單袷告成，服適體川原，襟灑之詠游許樂盍徜徉乎，于焉動樂群之思，呼同心之侶，有冠者焉，即五六人可

也有童子焉即六七人可也聯袂而徃振襟而遊山大川或且
領焉而鏘鏘蹌蹌之甚一丘一壑亦可舉足焉而收天地之春後會
之南水聲而溫然以和者沂也是殆可以浴乎點則與冠者童
不解衣以就焉彼壇墠之地樹木陰翳而清風徐來者舞雩也是殆
可以風乎點則與冠者童子披襟以臨焉散襟于其上而潔也氣于是而
暢也心于是而曠神于是而怡也豈遂樂而忘歸矣乎然而興猶未
[illegible]脩遊可賦不有吟咏何伸雅懷于是發于詩歌以誌山川風物
矣與夫登眺流覽之勝點也唱冠者童子和而且行且詠哉
其亦可以無負此莫春矣乎蓋詩當莫春點即樂此莫春劉者童子

莫非同樂之人也所以舞雩莫非行樂之地也而此外何志哉有如點者點即以此樂乎莫春者應之矣

此數語明明是曾點即景以言志只緣話中有絕大話頭作者恐涉粗淺遂不敢下筆寫景忽尋出人語以爲賦合正意將廻反致拋荒不知此等氣象只要下筆時手法玲瓏了無字句中現出一箇規模來乃爲神妙此篇只還題面撰得好而駐意自隨處筆墨間真快心也

○○○莫春者春　而歸十四歲作　李應

狂士於莫春而歷志其景物焉夫點亦何心而就莫春則言莫春之（景說書語爲據）遊而已其言曰吾人近失目前向論當世故情與景合樂以情生即（七盡須二句作提心以下遞簡說去味）目前之所遇點心有悠然者請卒意言之可乎竊有意于莫春者（手生情首句另叙筆致類似　春服三句類似）春而莫也春將去矣莫而春乎春猶在也忽忽其孰禁服盈盈皆就點將試其服求其人冠者倘有同心點可與五六人為徒童子（浴所云句類叙之）各有同心點與此五六人者又與六七人為徒行至于沂則相與浴（二叢面句來）者以方生浴之而爽然行至于舞雩則相與風春於始盛風之而洒（詠嘆句）然于之下地之下供吾俯仰耶以之流風之行任吾嘯傲耶景色如

此與如此幾忘歸矣勝地如此樂事如此歸亦樂矣不自知樂之（子家頓挫）後何發而童冠與點俱詠也不自知詠之如何止而童冠與點俱歸（異劉是法）（又呼首）也天地總總景物熙熙興至而可遊可詠興盡而可徒可還矣今非（四語總收）莫春也即目前有此點復何志（句應不歸語失目前句收到志字）

如此題如此遊戲文中不可無此風趣　張侗初

兩兩三三點綴如生　吳奕輝

長題有以首尾貫中間者有以中間貫兩頭者如此文春水方生及童冠與點俱詠等句一是順穿一是逆搽以首尾貫中間也然興會所至法自隨之故飄洒風流遊行自在不為法度所拘時　玄真

景春曰公孫　二節

雲南蔣宗師歲覆
尋甸州學五名　李義山

時人豔稱榮士大賢以妾婦辱之焉夫以丈夫稱妾婦則天下無丈夫矣以順為正衍義且妾婦之乜耳而可謂六丈夫也哉且時至戰國縱橫捭闔之流日以其術遨遊人國世主往往倚之為重輕彼遂以為我可重輕天下天下亦赫赫然稱之而不知其已失丈夫之概也何居乎景春之以公孫衍張儀為大丈夫也不過曰一怒而諸侯懼安居而天下熄耳夫諸侯之懼自有所以懼之之道天下之熄自有所以熄之之道不必怒而懼也不必安而熄也以道之正者也何至借人之怒以為[illegible]懼[illegible]之安以為安而即冒丈夫之號也哉

且景春不嘗學禮乎丈夫之冠不同於女子之嫁也明矣冠之命於父不同於嫁之命於母也明矣敬戒之言順而家也無違之訓順夫子也是妾婦之正也而豈丈夫之道乎今天下固有妾婦而丈夫者矣或怒中算之甚而以謗殺譏溪汚之俗或安植角之自矣而以禮法嚴媟黷之君子用此以順為正者也怒而順怒亦正也安而順安亦正也若儀衍者不特不怒非正即怒亦非正不安非正即安亦非正陽以高不順之名陰以行順之之實人謂妾婦中無丈夫吾謂丈夫中多妾婦者此也嗚呼人而妾婦斯妾婦之矣人而丈夫斯丈夫之矣妾婦勉為丈夫之行亦可與日月而爭光丈夫淪為妾婦

奇情雲發人外飛來

之行乃僅與草木而同腐人爭在順不順吾爭在正不正寧而正順可也順而不正不順可也博功名以肆志於天下竊威福以攜怨於諸侯是又牝雞晨鳴而妾婦中之不正者用盜大丈夫之名而不亮（余注翻說）爲大丈夫之實其何以對妾婦而無愧耶丈夫妾婦本屬兩途自為丈夫者以順為正因遂與妾婦同途而其究也并妾婦之不若真屬千古可羞可恨之事得此爽筆快論假丈夫當讀嘗一番瞿然歟

景春曰公　一章　　周　銓

丈夫不容以漫許也。賢為之辨其真焉。夫世之所謂丈夫者，皆君子之所謂妾婦。其所謂而儀衍何足道哉。今天下之士，孰不詡然號為大丈夫哉。（原評：爽氣逼人）然孰是卓然真為大丈夫哉。名實之間，甚不可不審所謂也。至戰國縱横捭闔之徒，所為者類妾婦之道，而或且相與驚嘆以為大丈夫。如景春所云儀衍者，嗟乎！是焉得（唱起）為大丈夫乎。（原評：倒取末節）居之乎寵利之門，立之乎邪曲之地，而又行之乎僥倖捷徑之途，可賤也，而不可以貧；能富也，而不足以貴；假浥人之威武以恐得其一當，幸不遇，則天下安；而若人無赫赫之功

闈海常觀　孟子

不幸而過而天下乃有不可知者此世之所以群馬震驚而由君子觀之直與妾婦等耳何也爲其行吾道而不足取容悅而有餘岸然冠幘而有巾幗之心也乃若所謂大丈夫則有之非仁無爲非義無行非禮無處得乎時則爲龍爲變爲稷爲禹爲旦奭爲伊呂否則終身已耳吾常也賤吾素也富貴如浮雲也不損不加以至威武之臨行將談笑視之然其逢合當世或有不如儀衍之志得求遂者矣而□謂大丈夫者終在此而不在彼此之不知亦惟佩敬戒之訓以色笑于人耳其于分命之語槩未有聞也

原評驕蕩不群

精神全注末節打疊心撒手游行六一氣卷舒之妙原評

是焉得與此之謂而。題之眼人皆知拈出。但馳驟縱橫。終歸塵坌之氣。此文思筆夷猶兀傲。其轉折撇擊處。都不猶人。高古絕倫。當擬之古。海外文字。庭聞

景春曰公　一章　　胡　俊

大賢正大丈夫之稱，而妾婦者不得托矣。夫以儀衍為大丈夫，是以妾婦為大丈夫也，而不知妾婦之道如彼，而大丈夫之道如此，奈之何以相託耶。且七國之時，天下方務於合從連橫，阿順苟合，以貸其身，而延禍於天下。其間抱仁守禮由義特立而不回者，孟子一人而已。如公孫衍張儀，誠當世傾危之士也。以其善伺人主意旨，以售其詐偽之謀，故天下同心而苦之，懼其造怒而祝其安居也，亦遂以赫然有聲於天下。有景春者，慨然以大丈夫歸之。蓋習俗之於人也，亦甚矣。孟子曰：是直妾婦之道耳，是焉得為大丈夫乎。一[illegible]學禮[illegible]

提出此句於

之閨耶父冠其丈夫而命其丈夫不聞其爲之以順也夫嫁其女乎而命其女子未有不出於順也今者儀衍之道若女子然持此而委身于諸侯王儀亦一妾婦衍亦一妾婦而已矣今夫婦人之巧言而（此段甚妙）階厲於其家者亦能使其家之人苦之懼其造怒而視其安居也若儀若衍固用此道者也蓋其居心也跼蹐而鄙隘其立身也傾邪而仄側其行於世也步捷徑而由私途進無關于民而退失其所守養富貴而惡貧賤故不得屈身而涉世如此其汚也是焉得爲大丈夫（反照末節一翻轉便快）乎彼夫所謂大丈夫者吾知之矣非仁莫居也非禮莫立也非義莫行也以之善天下者此具也以之善其身者此具也不以得志可以

本節○點次入化○

不得志可以富貴可以貧賤可以威武彼妾婦者方且以為移焉屈

○用○妾○婦○點○出○

焉而不能止而大丈夫者止此仁焉禮焉義焉而不能變此何如人乎而顧以之稱公孫衍張儀乎嗟乎戰國之世傾危之風盛矣獨孟子抱仁義道德之說特立而不回而聞者多感焉嗟夫是乃妾婦之所以多也

淫○移○屈○三○字○

前後局段俱得體得勢就妾婦一想安居觀跌儀衍波瀾陡生意外巧妙

景春曰公孫　全

福建經學院歲覆　姚臣漢
福州二名

大丈夫自有真非妾婦輩所可竊也夫以儀衍為大丈夫是以妾
婦竊之也亦知丈夫固有真乎彼景春烏足以識此昔戰國有
孟子固所謂大丈夫者也抱至理于一身隨境遇之所遭無足
以相撓而當時游說之子挾其一切苟且之術博取人間富貴
亦竊竊然冒乎丈夫之名焉如儀衍所艷稱之公孫衍張儀是
已吾思人生天地間有丈夫焉有妾婦焉丈夫有二有志氣之大
夫有脂韋之丈夫志氣之丈夫丈夫而丈夫也脂韋之丈夫妾婦
而丈夫也妾婦有二有巾幗之妾婦有衣冠之妾婦巾幗之妾婦

妾婦而妾婦也衣冠□妾婦丈夫而妾婦也故儀衍亦大丈夫並
非丈夫是直妾婦何也以順為道也秦關楚璧儀衍之女家也挾
策曳裾儀衍之敬戒也希迎揣合儀衍之無違也迹其以順為正
之道赫奕以為□竊位以為榮枉道以求合得志則欲不得□則
戚憂富貴貧賤□武之中無一可焉是安得為大丈夫乎若所謂
大丈夫者所性之分早有以立其基素位而行自有以貞其遇不
必一怨而諸侯□□服其教而畏其神時而安居而天下亦皆沭
其澤而享其利此豈儀衍之徒所可諒哉使以儀衍當之是以父
命之丈夫竟同於無命之女子也亦未學禮者之言乎

直作一篇古文而古文之能事已盡波瀾意度俱從柳柳州[illegible]來

景春曰公孫　全　姚臣漢

景春曰公　全章　陳□□

景春曰公　全章　陳

未得乎大丈夫之實者。當正以大丈夫之名矣。夫大丈夫

所可名者乎。歷評其實而非大丈夫者見。真大丈夫者亦見[illegible]

時縱橫捭闔之徒。月以喜怒傾天下。而不知者亦遂相與[illegible]

而稱之。庸有當乎。夫名必有所可名之實。而其所稱者不然。然以

副乎其名。乃立與所謂實者大相剌謬也。不亦辱吾道德之士而

羞當世之英哉。一日有景春者慨然曰。公　所稱大丈夫者。其儀

衍之謂乎。不然何以一怒而諸侯懼。安居而天下熄也。臨于[illegible]

妻婦之道也。焉得為大丈夫乎。何也。大丈夫之名不可假[illegible]

[illegible]同安縣學[illegible]一等六名

者吾見其安于卑隘之勢入乎奸宄之途出乎狹小之路遠之在上無以得之民心窮而下下無以善乎獨處甚必有所孔拙處焉于其間勢驅權迫于其際而所謂大丈夫其真不出也然大丈夫之實不可以得其實者吾見其宅于博厚之中植乎綱常之表出于制事之宜進而治人民不失望焉退而持己身不離道焉其必有非豐瘁得失所能動祈揚刀鋸所能折而所謂大丈夫者其說不虛也然則天下有廣居有正位有大道而居之立之行之者非儀衍必大丈夫也得志不得志之間定可識矣且天下有富貴有貧賤有威武而不淫不移不屈者非儀衍必大丈夫也為儀為

熄之故何足言歟此之謂大丈夫豈不誠大丈夫哉夫景春以舉
權藉勢之華當為天下重有賴之人亦不知其外雖赫奕震動其
内實阿媚承風若此為大丈夫是使天下皆樂遵夫妾婦之
也大丈夫之名可以不亞若孟子以古制在我之學自為古今不
可少之士而況其中之懷抱仁義其氣實充塞天地故必知其為
大丈夫而後天下絕以順為正之儀衍也大丈夫之实于以獨存
人之欲求所為大丈夫者其比之謂乎其此之謂乎
孟義易以馳聽此猶一辭猶見典型

景春曰　陳

景春曰公孫　全章

月課莆田縣取一等一名黃　潾

窮誕士之隱知大丈夫自有真也夫儀衍之順人者直妾婦耳謂之丈夫且不可況大丈夫乎辨大丈夫之真則儀衍退矣凡宇宙間莫大乎性而權勢不與焉古所稱大丈夫者大行不加窮居不損所性分定而無以乎權勢以為大也夫權勢且不足言況竊人之權勢以自誇耀容乎陋哉景春乃震震然以大丈夫目儀衍也彼二子豈能自有其喜怒哉探世主之喜怒以為喜怒貌則人矣心則妾婦也何則妾婦之道順焉而已儀衍之道亦順焉而已甘分色笑迎意旨竭瘖以究心而安問廣行傾側以其身而安問

（末節入擒題上游）（初入緊）（古而雋）

正人崎嶇以行事而安門大道假勢驕人一共得志之秋也順
為一怒而進何關于民失勢伏處是其不得志之日也順人
居而退何有于道此無異故淫于富貴耳移于貧賤耳屈于威武
耳彼妾婦固然其無足怪若吾所謂大丈夫者不然性命于天而
體仁以長人嘉會以合禮利物以和義獨全乾健之理而無所於
虧一學成于己而本仁以聚之修禮以閑之秉義以度之善養浩然
之氣而無所於害吾之居廣居也立正位也行大道也無論得
志不得志不易所守而窮達咸宜更無論富貴貧賤威武不動其
中而萬變為一世運藉以維持綱常賴以不墜古所不大丈夫者

編者大本領　接落緊　性學二義　堅卓　語　挈言緊

其在此乎其在此乎論反此而順人之儀行直不成大夫耳乃震

震然大之景春之見陋矣

鎔鑄全局一氣呵 按其轉折層曲處仍複緣緣入扣

景春 黃

景春曰公　禮乎　依原評點

福建趙大宗師歲取上杭二名　雷昌霄

即人情所共震者而深羨之可援所學以正之焉夫以儀衍為丈夫不稱景春為然也同其尚而直斥之殆欲援禮以正丈夫之稱乎今夫擅天下之大名者裕天下之大學者也苟不審其實之所存而徒循乎功名顯著之處以輕相擬議于其間吾甚嘆夫千古之隆名盡嘉于庸衆人而其真不出也如戰國時所稱公孫衍張儀者語其人非心術之足取也語其行非制事之倫宜也跡其品量以想見其生平亦非端方之彥而軌物之流也乃景春忽以大丈夫稱之者何故毋以干戈習而廢禮讓戰勝攻取已足畢當代之經綸正誼衰而為功利約從連橫已足聳賢豪之規畫則見士以而誇士之雄則見夫抵掌而陳形勝

試牘

之國則見夫今日齊明已必遊于韓而魏趙宋衛之郊而顧盼自雄言笑自若曾是儀衍也而不足當丈夫之名哉曾是一怒而諸侯懼安居而天下熄也而不足見大丈夫之實哉雖然六君子生天地間端一日之性情而後百年有品諸貞一己之操修而後當世有勳名如以儀衍之懷術挾詐竊司取便若為足以當大丈夫之稱而無愧也不幾薄儒修而輕天下士乎宜孟子直斥之而以學禮之言進也思儒若生當叔季豈必畧才華于不用然吾學未審適流而數之累也奉先王之訓而不克以隱微之事無負神明則其餘皆無足取矣抑士人志在經猷豈必甘寂寞以鳴高然所學未正実貽終身之累也讀聖賢之書而不克以廉毅之操自端素履則其餘皆不足觀矣無孟子以學禮之言進

也一名儀術之所為丈夫揆諸礼言而不得其在身之準也景春之說云丈夫衷諸礼言而不得其稱名之自也試進乎其說何如

趙太宗師原評

縱筆所至排宕頓挫無不入古

景春曰　雷

○○○景春曰公　禮乎

歲試上杭縣學一等三名　鍾潤

稱大丈夫者妄舉其人而知其不褒乎禮也夫大丈夫未易稱也而景春以儀衍當之是何其昧于禮耶且自至戰國縱橫之士挾術以遊其風日甚不知者又往往盛稱其事焉將豎賢中正之何不昧于天下也是以有心世道者必欲亟正之先示以典章所無容（斷語堅利）焉而莫察也如孟子於景春是已夫景春者于帝王致治經邦之略懸乎未之前聞于聖賢安上全下之道茫乎未之有識耳目所習見心志所愛慕者類多儀衍輩耳故其言曰世之稱大丈夫者儀衍之矣非有術禁之震驚不足數也非有勳名之赫奕不足道也必也利澤加于人名聲昭于時威懾群侯足以及天下庶有當乎而

求其勝任而愉快者則推公孫衍張儀之二子者其功業聞望不暇
悉數且覌其一怒怒無庸再以諸侯懾其威者不啻服教而畏神也
再覌其安居其居一安而天下之懷其安者即能偃武以修文也誠
如景春言將使天下之慕大丈夫論大丈夫者皆必以儀衍當之而
大丈夫之實幾不仰于天下抑使天下之類乎公孫衍類乎張儀者
皆得以大丈夫目之而儀衍之儔反甚[illegible]天下噫不有孟子何
正之則正之以未學禮之言也夫禮不為衍儀而設　能學禮
議旁在箇中
則知與天地同節之中所為大丈夫者其人自有在也不準諸禮而
輕予衍儀當之者不能無愧宜思也禮亦不令景春而學使景春果
學禮則求之委曲慎重之內所為大丈夫者其人難以語也不擬誚

禮而忽發景春授之者惡能無怍宜思也設心之言不誠為世道人

心之防也哉

筆之犀利幾于陸斷牛馬水截蛟龍者矣

景春曰公　鍾潤

試牘

河州

異乎吾所聞

學院歲進海澄學第十四名　陳輝美　大山

歟論交之異而以所聞衡之焉、夫交之在子夏亦何足深異乎子張

之以為異也歟、故執其所聞者以為斷耳、想其言曰天下之交一也

而知聞當必無所異矣吾向也竊謂天下之大四海之遙情雖殊而

理則合也不意今者聞子之論覺與吾夙昔之所領受者竟爾相左

焉可者與不可者至以師之論交其有所聞乎其無所聞乎論麗澤

之誼則如蘭斷金大易訂同心之雅焉宜汝師之所云與吾之所聞

者渾然合轍矣、論交至此亦則嚶鳴幽谷小雅咏伐木之章焉諒必

吾之所聞、而師之所云者何然一致矣而孰知其有異也而孰知

泰社試草　論語

其大異也。士丁人聞其公而按師見為獨也。夫聖賢之氣誼千百
（義明斷）
同情則揆之一人而合者溢之千萬人而亦合矣。自汝師之言一出
（對括乎妙不侵露）
覺孤芳獨賞，寤寐泯應求之惋；聲氣難親，晦明絕攻錯之慕。向之入
吾意中者，今竟大不謬矣。寧不撫斯言而興異致之思與莫異乎
人皆其全而汝師見為偏也。夫學人之訂盟古今，同調則準之一世
（語皆）
而同者準之千百世而亦同矣。自汝師之言一啓，覺門戶可我不煩
遠方之集，離群可娛，無事同人之求。昔之入耳無殊者，今且大相懸
絕。爭不仰斯言而生互異之想與均受不倦之教，少相遵長相習
則講習之誼自必相符也。果如汝師之言，既絕人以難與之懷，復蘄

已以樂育之念將縞紵交歡古人之遐鄉越國者何其竟不憚煩乎其大大々之公亦步亦趨則取友之懷必愈相契也果如汝師之言既不々于野之可亭復不識于宗之足客將班荆道故古人之朔業樂群者不又太覺多事乎吾試以所聞者爲子告之

千崇愷老夫子原評

妥適無疵

叔舒園老先生

輕盈齠齔語々肖神明人々句云汀洲春雨攀芳杜茅屋秋風帶女蘿吾々入彷彿遇之

一片[illegible][illegible][illegible][illegible]那不豁人心目○憶自丁未會課長弟大山年方弱冠而筆意清矯已壓余軍至今始售見遇合之遲速有數 表兄智侯林先生

不對拒字淡都、字大露拒字久易侵犯用意諦當措詞渾雅堪為君家千里駒也 業師胞叔雲舒

皎皎似秋月綽約如處子文品中之清而高者 業師兄蒼嵐

襟懷[illegible][illegible][illegible][illegible]韻翩躚筆墨間别有暗香浮動 會弟醇仲識

國有道其言足以興（中庸）　俞荔

國有道其言足以興　俞荔

言可達諸用以有道決之也蓋君子之言有道之言也以有道之言
遇有道之時其興不可決乎哉今夫國家之氣運與儒者之文章相
爲因應者也天生真儒苟將大其聲以鳴國家之盛則必予之以利
見之時以作明良之令而儒者之英華遂發皇于宇宙之間而不能
○發○洋○〻○優○
自掩也已吾因是以思君子之言夫君子自修凝以後深知乎化育
○〻○二○節○發○落○二○股○開○局○手○扶○雲○漢○
之撰而繼天立教已洩天地之秘藏微觀乎會通之原而經制詳明
已定生人之性命其言之足以興豈頓問哉而吾謂其與之有所待
也蓋有定者理而無定者數雖名山有作不能進而衡造化之權然

庸

時之既違則道無終晦故神聖有謨不能退而伏中天之野一我者有
道之世貞元之會合適際其隆在上者方垂衣裳而出治則凡府修
事和度非曲學之儒所得與其選也乃一聞君子之言覺醞釀之深
厚者皆以抒其德性之底蘊焉乎天成地之功舍君子將誰屬哉則
其為言炎炎乎直以垂萬古而不刊焉耳人事之經綸適當其會在
上者方啓明堂而訪道則凡創制顯庸類非詞章之士所能參其際
也乃一聞君子之言覺講明而切究者皆以暢其問學之條貫焉因
草損益之權舍君子將誰屬哉則其為言煌煌乎直以定章程于不
改焉耳然而君子非必以言見也國運光昌之日山川草木皆呈盛

世之光華故即物色無憑猶發興王之夢而況吐詞為經不啻如日（與字妙蘊一步深以賦通足以二字）月江河燦然經紀乎天地固無待飾錫而已聞數納而後試也而何（足以興得傳神暢）嘗存一豫期之心然而君子又非不以言見也朝野清明之日士氣人心已無幾微之湮鬱故雖多莠一律猶應鞀鐸之求而況聲即為律不啻如金聲玉振喤然鼓吹乎休明固將發一世之蒙而振生民（如此說言足以興有體非修辭君子不能及）之覺也而豈必不懷芻蕘之意哉當時尊其訓愈致有道之長萬世讀其書可佐太平之治君子之言其足興于有道時不信然哉

力厚而思沉詞豊而氣盛所謂發于至足之後流於既溢之餘者也　原許

誰不知此題宜根修凝來講。方非不切。陳言但患講不出耳。尸氣所見。縱滿紙嶔盡德性問學話頭。究竟與修凝君子本分無涉。惟此作確是國有道。確是其言足以興。李青蓮云垂衣貴清真。讀者須得其清真所在。勿徒目眩于冠冕。

國有道　俞

○○國無道其默足以容　　　　鍾　惺

道容於亂君子之默也夫君子雖亂不苟容也默足以容故君子
之默也有道焉嘗謂世不能以有容而道能容之國有道君子與
斯世共忘於道之中而言足以興則容不足言矣至國無道矣無
乃曰吾不求言之興也容於世足矣容豈苟而已乎何者君子非
○如○闔○孫○郭○披寫○
庸衆人比也愛而敵之故莫之能傷闇且見焉亦無由而匿苟無
足以容者而徒求容於世乎乃其默足以容矣道不在國而在我
○其○字○體○出○
故君子之默出於道容亦不聽於國而聽於我故君子之容足於
默非必後時也而特不先時不先時則寬任世之出入往來而聲

學庸小題大行遠集　中庸　羲門[illegible]

螢庸八題不行遠集　中庸　養門[illegible][illegible]

原批點字乃不專守一磨兜堅

色不大使其皆有以自處吾豫留其一隅而與共處焉始以為世之小今覺身之小而世之大也斯亦足之至也非必狥物也而特不攖物不攖物則静觀世之喧寂起止而聲臭俱無使其皆有以相安吾徐繹其有餘而與共安焉始以為世之少今覺吾身之少而世之多也斯亦足之極也才化於道久矣然徒曰不用才易易也避養時晦之中別有妙用才亦有時乎合道以濟世但使世不

點字却寫得發越

知我為豪傑而弁不知我為聖賢則我之藏身密矣才不足以眾之矣氣歸於道久矣然徒曰不用氣易易也以與濟塞之餘別有徵權氣亦有時乎配道以調世但使世不知我為聖賢而弁不知

我爲中庸則吾之莛身廣矣氣不足以礙之矣嘗其時天高不敢不局地厚不敢不蹐君子之高厚自在也吾見其洋洋而已鶉鳶雖戾於天鱣鮪雖逃於淵君子之飛躍自如也吾見其優優而已大哉聖人之道乎故時措之宜也

形出足以容恰妙

默字看得淵遠足以精神始出議論亦絕有可咀如南嶽靜夜撥煨芋共啖其味乃過十年堂饌也

國無道　鍾

患不知人也

繆昌期

學有重內省者，故以知人爲急焉。夫以人鑑己，則人重矣，此不知人之患，君子所爲獨切歟。且吾儒之學，凡以求諸于己而已，故有時而反觀自照，爲己也；亦有時而程材較品，亦爲己也。夫不患人知之君子，豈荒其心于無所患哉。彼誠以爲勸懲無藉，即志士罔以完從違之故，人者己之鑑也，而淑慝未稽，即色莊可以淆瞻聽，故知者人之衡也。鑑自外而決，則材品並設兩途，而思有以晰其異衡；自內而持，則材品並患一念，而慮無以覈其真。蓋是無非，至非無是，易斷耳。乃若純白之七，求于一黨；鄉稱之流，假借于清評，且有一人而各才論銖細之評着其生平難以概於吾患其得之此而入彼也非邪極邪非正易白而乃若躬為君子以直諒貽譏名籍皆人詭僻鬱且有一事而華毫相濟情貌相反者其隱尤難以闢於吾豈

未識得惠理破知何知得人賢否三字

其執之表而遺之裏也人唯究定乎妍醜之歸而後達觀不爽不知

盛出所以當患之故

人則愛憎忤合出焉而移而自今以前之識身皆妄人惟玄覽千妍媸之象而後趨操不淆不知人則毀譽依昂入焉而亂而自今以後

文開合處收雙作收

之徒業俱非是以君子雖不較長短別黑白以浮慕乎人倫之鑒而要必鑒尺寸持權量以精修乎格物之功凡以不知人之為患也而何暇徼焉步聲名于天下哉

説知人全透為己與爭名月旦者適〻　刋落常〻詮抽思獨細奇乎
乎
學者工夫到知人地位已甚高見得道理明時自然知人賢否〻
知之患又當推原平時窮理根由也乎語類數條已茹其實故〻
之精蘊抽繹散水而出自不屑以横鶩見奇　李茳林
體屢清和黃中通理　程泰谷

第二十七冊 卷八十

萬曆甲戌會程

唯天下至聖　二節

中庸論至聖具天德之全而會體用于一焉夫天德有自然之體用全亦斯會于一矣非至聖其孰能之中庸舉以明天道也謂夫亦以性質賦于人而全德具焉合之惟一本而析之有萬殊由習而能者非天也其肖天下至聖乎會太極動静之全氣禀其完而不累得天地中和之至理極其備而無遺其具乎質之美也則聰明睿知縱于天而居上臨下之體備焉貞明未運之先而吾已知其無遺照矣其具乎性之全也則仁義禮智根于心而容執敬别之用裕焉大業未徹之際而吾已知其有全能矣然乎天不間以人足乎已無待于外

同文錄

至此之

天德也有不積中而發外者哉方夫物之未感而德與心而相極則溥愽不可禦淵泉不可窮渾然積於中而天下之大本立矣及大時

當至而德與化而並運則隨事以順應因物以曲成沛然見於外而天下之達道行焉由其積之大而時出之所以覆冒天下者此也由其積之深而時出之所以澤潤生民者此也體用相須內外合一至哉聖人之德即天道之敦化而川流者也聖同天不旣深乎

體裁整詞理融吉士

惟天下至聖　三句　己卯鄉墨

天下之大任、非至聖無與歸也、蓋臨天下必以德、而德必以生知為至、故惟至聖能盡其量耳。且臨天下者。非徒以勢相屬也。以勢相屬。則中材亦可蒙業而安。小賢亦得彌縫其闕。若求其任之能勝。而論其理之相稱。自非天下至聖。（倒落首句）孰能當此而愉快者乎。何則。（原評從有臨中推出聰明睿知）惟天下至聖。天將開之以濟群物之屯蒙。故所以造其耳目心思。皆非什伯庸衆所能同。而其人亦自知為天人所特賦。故所（補出能盡其才意一落作）盡其耳月心思之才者。非尋常意計所能測。其聰則無不聞也。明則無不見也。常人所以役其耳目者。若渾然一無所知而兼聽（卽透出）

有臨意

並包以類萬物之情則無幽之不燭麗則無不通也知則無不知

也常人所以役其心思者獨淡然一無所擾而開物成務以極事

理之變則無微之不彰此真可以首出庶物而合乎知臨之宜矣

高才浩蕩而又參承封建論乎聰明睿知之凡以有臨處扶精

夫生民之初進者相聚而為群擇其異己者而聽命焉所聚又眾

七誌筆非徒誇為古者

擇其尤異己者而聽命焉故必聰明睿知實出乎一鄉而後可臨

句三切聰明睿知

一鄉之眾而平其爭必聰明睿知實出乎一國而後能臨一國之

眾而安其屬而況天下之大萬物之眾而可易言臨哉臨者勢之

平辭從服雍容知中發小有臨

有以相伏也質與之辭而勢居其上爵處其下者將有絜長度大

之心而嘗然其不靖若至聖之聰明睿知則天下之大萬物之眾

以一身俯焉而轉覺渺乎其皆小矣所謂聖人有作而萬物皆睹也臨者光之有以相偏也光不及遠而所照者多則處其下亦將（反勢精光四映）有情隔勢睽之憂而拂鬱而不平若至聖之聰明睿知則天下之大萬物之衆以一心運焉而可以一日而敉周矣所謂被于四表而格于上下也故聰明睿知惟至聖能而足以有臨惟至聖獨焉若夫循理守度（原評觀將得起）可以綏太平之治而不能創（應起語）非常之原雄才大畧（反点）可以撥亂而救時而不能闡天以明道雖曰有臨而其量皆有所不（足字）足者也豈可與至聖比德而量材也哉

其英偉雄奇之氣以俯就繩尺卓然自成一家　主考原評

處ゝ從聯絡處知抉出有臨來故極英雄卓犖之觀而無一廓落門面語堪與震川先生文並轡而馳

惟天下

唯天下至　其天　方苞

觀至誠功用之自然、而其體可想見矣、蓋從觀至誠功用之盛、有疑其何挾而能是者矣、及進求其肫肫淵淵浩浩之體、而後信其無所倚也、為固然耳、且性之理誠而已、遍於人倫者此之主於事物者此也、運於天地之間者亦此也、聖人盡性以至於命足乎已而無待於外者、惟其誠之得於性者、絕乎人而純乎天耳、故惟天下至誠為能盡性之用、而於天下之大經有以經綸之焉、道明微習嘗人皆見謂當然而當萬物之兆、蒙獨據其未形來判之理焉為之制數非聖人不能也、抑盡性之體、而於天下之大本有以立

方靈皋全稿　而人　中庸

之焉因事窮理中材皆可以有得而既紛紜於物感不少還其無二無襍之禮而成其變化非聖人不能也至於性所由來則天地之化育是也而亦有以知之焉循嶶推理見聞終歸於恍惚而會性命於一源默契夫無聲無臭之精而有如日用非聖人不能也（發盡微顯）蓋天命之實理常貫於民彝帝載之中惟誠之有缺而昏焉塞焉故力行强學者不能不假物以為功而聖人所性之實理雖然身心内外之際故因其自然以由之察之不盡聖窮神止悠然若行所無事夫焉有所倚哉而其所以無倚者何也蓋惟其誠之昇（精深朗暢）若性者厚故忠孝友弟動於其所不自知而旁推交通以曲盡其

我類而又不忍人之自背其情也以身為則道足以相洽而誠足以判之肫肫其仁故其經綸無所倚耳惟其誠之本於性者深也渾穢污濁本其中之所未有而日蹴月蹙以益錮其本原故其理之靜正於內也有源可恃而撥之而不窮取之而不竭淵淵其淵故其立大本無所倚耳惟其誠之待於性者全故動靜屈伸渾然不入乎人偽而陽變陰合即流在於吾心故其心無方而無體也與天為徒而先焉而不違後焉而能奉浩浩其天故其知化無所乎夫誠者聖人之本也肫肫淵淵浩浩者誠之實體而經綸大未知化者誠之實用凡用之有所缺與無所缺而出之其難者皆

方靈皋全稿

其體之有不足也而又何疑於至誠之無倚哉

師經探道剸辭締言焯焯烈烈自成一家之法　兄拱樞

述性命之情發天人之奧義有歸宿詞無枝葉此等風力惟歐

蘇可與較短絜長耳

武齋平

唯天下

江南方苞 一名

○○○唯天下至　臨也

天下之大任非至聖無與歸也盡臨天下必以德而德必以生知為
至故惟至聖能盡其量耳且臨天下者非徒以勢相屬也以勢相屬
則中材皆可豢業而安小賢亦得弥縫其闕若求其任之能勝而論
○　○　○出○得○有○盡○
其理之所自非天下至聖惡能當此而愉快若乎何則唯天下至
又原○許○從　○臨○中○抉○出○縣　眷○知○而○遵○句○文○復○闔○人○精○鑿○其○忍○援○聽○
聖天將之以濟群物之屯蒙故所以造其耳目心思之實者非什
○説○皆　六○者○以○被○詞○滿○之○空○　○　○　○　○　○　○如○此○有○生○安○尤○婦○
能同一而其人亦自知為天人所恃賴故所以盡其耳目心
之○孟○子○　○　○　○　○　○旬○
○當　小尋常意計所能測一其聽則無不聞也明則無不見也常
叉○乃○搖○進○定○曾○　○　○　○　○　○
耳目若若渾然一系所知而兼聽並觀以類萬物之情

中庸　郭科　日堂

中庸

獨睿則無不通也知則無不知也常人所以役其心思

一無所擾而開物成務以極事理之綫則無微之不彰此

脉名復不得言本語類而又參取許

出庶物而合千知臨之宜矣夫生民之初近者相聚而其

明睿乃之足以奪聽吼快猶說革味彼讀爲古皆

真何

是論

卒擇其已者而聽命焉又衆擇其尤異已者而聽命焉故必

定以空中發外能乎古才

聰明睿知足出乎一鄉而後可臨一鄉之衆而平其爭必聰明睿知

寔出乎一國而後能臨一國之衆而安其屬而况天下之大萬物之

厚許從聯引睿知中發出有攝

衆而可易言臨哉臨者勢之有以相伏也費與之齊而勢居其上則

不知也全取是以爲神所以神氣酣活

處其下者將有絜長度大之心而囂然其不靖若至聖之聰明睿知

則天下之大萬物之衆以一身備焉而轉覺渺乎其皆小矣所謂聖

人有作而萬物皆睹也臨者光之有以相徧也光不及遠而所照者多則處其下者將有情隔勢睽之憂而拂鬱而不平若至聖之聰明睿知則天下之大萬物之衆以一心運焉而可以一日而數周矣所謂被于四表而格于上下也故聰明睿知惟至聖能而足以有臨唯至聖若夫循理守要可以總太平之治而不能創非常之原雄才大略以撥亂而救時而不能開天以明道雖曰有臨而其量皆廷著足豈可與至聖比德而量材也哉

孟精原與支原許爾犯將起　他人所共去鋪排斗篇

共在以　昔只作餘者波局便見力量大小不同

政　字

雄奇之氣以脩就繩尺卑然自成一家　主司原評

謂清貞清言雄華天齡者亦皆刊削無餘而獨向定中

中庸

唯天下

心廣

以然生面別開精光自露　張昆諮先生

俾局勢潤大較衰川作有過之無不及也　[illegible]先生

爲姿天生異質衣冠瞻視都復非常扶餘玉見之能無氣奪

博大矣而澤之以古采馭之以真氣固與浮脆者殊類語

蔣梅士

唯天下

惟天下至聖 節　杜麟徵

以全德求至聖而於天下無弗足矣夫臨天下而容執敬別偏焉殆未
易足也非至聖孰與此且首出而為天下貴者其中必有所不可測而
穆歛之于密使八無不可如青彩氣備薈于共濟而深遠未通于物方
別理之不可人之語即統天之事或多闕焉有以甄其形不足也夫自賢
天下而情數少盡化矣制則偏隨其強變而無以核萃庶物之間則細
縫自盈其以示統德之無覆乎罔方時異會矣轉移或親于不居而無
一新當　一際則當條易觸其以語摩帷之大質乎喜思夫足以臨
一惟有　異量撰之不惠非其質也寧罔其根祇雖一瑞當之
倫　而能雖言也惟天下至聖人第其仰數臨云爾不知

中庸　遠集居

目

下爲心也

有臨

明合天下爲耳目之至著。心思得臨而盡下。有周天所臨至衆而聰明睿知雖一人。故言臨至繁而足以以爲仁心禀乎一世而容非一。予惠之爲慱也。寬裕爲溫柔焉。執人之疾。足矣。以爲嚴氣引于紆險。而執非一力能之奮也。發強焉。剛毅焉。事之斷至足矣。敬必可度矣。而外內或與其致。矯枉或過其直。非齊莊中與正不足以履也。則研于甚矣。而大道鮮一緒之（孫句生新）務。見淵。瘕千條之照。非文與理密與察不足以晰也。夫不能輕衆物。則無以重性術。不能寘莊術。亦無以藏衆物。不自知勝之有餘力。故盡識（發足字餘意）皋分而不雜一偽。使知無不勝而守之。則歷情之伏矣。不自知舉之何所窮。故因物適事而參議其方。使知其爲方而存之。則遠德之累矣。至聖惟內有所重，故視天下也輕，天下不足動其心，然後可以有臨盡天下若尊一之為体，未免與人爭伸屈，沿流之為美，猶然與人較淺深[illegible]天下之纖力小應，而謹推測賀然而合，衄然而喪者，豈必武治御取等裒而臨之，故非天下至聖無與歸也。

氣局宏麗[illegible]發揮於得正嘉風氣之文

唯天下至　杜

中庸

選集

唯天下至　臨也　李来泰卿墨

至聖之能事知臨其大端矣蓋未有不合聰明睿知而成至聖之名者也君臨之能唯其有之至聖所以尊於天下歟且一人首出天下交奉之所可見者君臨之極而已然聖人恒不樂居獨至之名而天下必詳其各至之事雖任舉一端以兼其全量而能事已見于天下矣不天以自治齋昔一官而必為天下之所求係至聖於天下上其功也功非一端而世所特以為用者未嘗不著以為[illegible]觀哉觀民廣業并包而要非至聖之所事係天下於至聖在其一名而中所得以為理者未嘗不顯以為孰非聰明睿

雅當精警

包其全神

之名也言其能而已於以有臨不必[illegible]之方也言其尊建中之學肅乂哲謀為能與物相感也故能與物相見[illegible]

（聰明睿知）（貫至編珠浮落[illegible]盡）

而前民用者變化歸於神明時乎守而總夫綱者英明藏于渾厚矣下以為穆穆者有如神之譽也抑知為至聖之分名於皇極本各正之義耳目心思為能入萬物之中也故能冒萬物之上則智名勇功偶見之而傳為天授威儀象數世守之而衍為文明天下以為知臨者大君之宜也抑知為至聖之統量非敵臨一世而足乎其分與足乎其性者有異居明作之位而好矜其能則任術任數者或以開智（補平）治之端至聖不以為分而以為性內治之功其前此矣而至此已徐

徵其丕冒之量有臨一也而為治而足與焉學而足者有興本英絕之明而急見其能則私智小慧者無以基漸著之美至聖不本於治而本於學有為之數舉積此矣而於此已見其會弘之用利見者萬物所瞻作睹者保合所命非天下至聖其孰能與于斯

語必窮根聲皆近囊靜則湘靈之瑟甘惟揚州之醇　座師周二峯先生評

唯天

唯天下至　配天

當塗縣葉學師　吳　鋭
月課本學一名

以積中者及民，而至至聖一天矣。蓋德之大而無所不及者天也，至聖之德之時出而感民如此，則其積於中者不既足喬然後嘆至聖一天也。且以宇宙之大，生民之衆，要未有拖殊異之德者也。其中無富有之藏，故往往一出而功業易竟，又何怪乎海隅蒼生各匿其情而寂寂無須聲作也。今夫天則德之積運而無偶者也。其照萬物也，如有臨焉；其煦萬物也，如有容焉；其乾之健也，如有執焉；其君之禮也，如有敬焉；其貴之文也，如有別焉。浩乎莫窮其所際也，淵乎莫測其所窮也。雖上帝實式不可得而名，而已有血氣之屬莫不敬天信天

倒提天字聖如分全題

天馬脫韁追風逐電

且說天而事之為帝尊無上矣顯之如父親無上矣大哉天乎其真廣運而無偶者乎而吾豈不知古之人又有配天之號者則何以故也惟天下至聖則天授之姿一物不藏者無弗該也無弗臥也性成之德萬理皆備寧或媮也寧或匱也由是而時出其溥博者以與民相與民莫知其何以如天也而已共遊於化日之中且時出其淵泉者以與民相感民莫知其何以如淵也而已率俾於光天之下其欽至聖也信至聖也說至聖也而遂莫不尊至聖也莫不親至聖也蓋聖天子之坐而言起而行都適合乎人心天命之公而愚百姓之塗於歌巷於議者乃極乎六服九彝之遠夫然後羨至聖之足以配

六者以此故也天之德足以鼓萬物聖之德亦足以鼓萬民是以成兩大之名而不讓天之業無遠不周聖之業亦無遠不被是以配南郊之位而不祧而要非僻之有本則聰明睿知不足也寬裕溫柔不足也發强剛毅不足也齋莊中正不足也文理密察不足也雖偉而發聲於鄉邑而其聲名亦小矣又安能布乎中外之國訖乎舟車人力之區周浹乎天覆地載日月霜露之間也哉大哉聖乎天也非人也

（反收一段以補前文之所未盡）

入手借天字挈起全題有一口吸盡西江之勢中間安頓題面衍併疊法妙在層次仍自清楚紹題中堆垜于末後用反筆補點亦

見虛實變化之妙。通篇摠以末句成結構也。

韻

惟天下至聖 節 吳偉業

至聖之不可及、其德居天下之先也、夫以至聖之臨天下、而容執敬別不一稱而足者、其德誠不可及也矣、且古之有天下者、以王者之尊、而必加以聖人之號、明盛德之所隆也、夫盛德者有餘之事、故後之人主分其一端、皆可以致治、而彼稱焉、而綜之、是以稱至聖焉、夫至聖無德不可加、下而稱許古人之誦其君也、先之以濬持之文焉、欽於此尤式先王之全德、至聖無事、不可及民、而稱許君子之嘆至治也、重之以系傷之義、辰明於此、尤屬王者之稱、此聰明睿知之有臨時、以為盛德、辭也、兼謂人天、但持此一德、而天下已服矣、人主但持此一德、而君行已脩、尤雖然、何但已中、令為臨民者思之、夫處孫者失之咸、而不忍禁

起

讀大人
々々民
題頭辨
發為憂
吳之始

從識題
議語叢
達瑜

中庸

者久先之弱自非上治實之則斷蓋有容若斯之雜也至聖以實然端
柔有之以度量之相從者也夫專斷者未必克而扶親者未必敗己屬
危起至人不任羲有執著斯之雖也至聖以業強剛毅有之此力量之
罷然眼法鞭揮如龍承天門虎出角麟
相隅者也且夫人主處於法宮之中明堂之上其志慮得清焉其衆勢
滑莊焉於以寄好惡遠嗜歌言有效也然非齋莊中正未足以發也並
古人所為毅勝者至朕有之矣抑夫人主獨乎上下之紀響乎是非之
原其文章有辨焉其政來有序焉於以相氣機道知術言有別也然非
文理察察表足以發也蓋古人所謂章別者至聖有之矣著此者誠以
其高明之質詩之於性能晰風氣之變而持其中故其道和厚而天下
不陛為錫其寳乘膺丕天下不以為威若此者老以其譽替之德達之

嘯閣評

於道能蕩性情之則而溥其小也故志乎然然而天下不以為勞悉乎異

同而天下不以為薄義臨天下之事倚於此矣

顏少而守果樂之軌則條理秩如也閣公

頻緣不亂者能不軌即能不流通神妙手來之

章洪錯綜伸縮之內如臆象能解即案成擲作庸義頭[illegible]

萬木叢雲書奇闊景色巖公一人耳道曾

中庸

第二十七冊　卷八十

唯天下至　全章　宋鈞

能之無所倚也。其心有不易知者焉。甚矣。至誠之無倚。至誠之天德。為之。而淵其能。務知哉。今使出其能事以見于天下。而天下之人猶倚灼然而心知其意。則其所能猶可勉而至也。非乃若能事出乎自然。而外而顯其用。內而藏其體。未嘗絕人以可知之事。而存于淺識私智之士所得窺于其際也。其唯天下至誠乎。夫天地有大德焉。一實理之所備耳。行之為命。賦之為性。顯之為道。其有一之或偽乎。無有也。蓋人有大德焉。一實心之所為耳。道于是修。性于是盡。命于是不其有一之或妄乎。無有也。而至誠之能事由是神明微妙而不

[illegible]　中庸　康熙己丑

知矣。五常者其□□□來散也。而分焉以生其散。合焉以附其多寡。至

（原評。度。昔。□。妙。）

誠能矣。不知者止疑至誠之于大經。有所倚而能矣。五行者萬物之

化生也。而靜焉以極夫中。動焉以極夫和。惟至誠能矣。不知者止疑

至誠之于大本。有所倚而能矣。二氣者造化之真機也。有無而有者

知其適。自有而無者知其復。惟至誠能矣。不知者止疑至誠之于化

（原評。即。寄。入。知。字。妙。）

（原評。斡。旋。評。懸。）

育。有所倚而能矣。而至誠何所倚哉。其然倚者何以誠也。敦則有不

容之懷焉。吾以知其仁也。誠則有不窮之源焉。吾以知其淵也。誠則

有無外之心焉。吾以知其天也。是殆其能之所由著乎。仁則綢繆而

（原評。□。□。□。一。三。節。虛。□。一。氣。）

不可解矣。而誰知其肫肫者。淵則靜深而不可罝矣。而誰知其淵淵

者天則廣大而莫能量矣而誰知其浩浩若是然其德之不可及歟
承○評○是○緊
蓋天下至誠則聰明聖智而達天德者也必也有得于清明之氣而
無所雜然後以天識天而彼此有得心之樂無他以其德之同也同
呈○後知一股
則無不可知也不然苟溺于情欲之私而有所蔽則若以人測天而
就○未
雜合有德陽之勢無他以其德之異也異則難以相知也將欲求肫
都○葉○上○二○節
肫者而知之而經綸之有倚矣何以知至誠之仁將欲求淵淵者而
知之而立本之有倚矣何以知至誠之淵將欲求浩浩者而知之而
知化育之有倚矣何以知至誠之天信乎顯其用而藏其體者非淺
總○前○作○發
識私智之士所得窺于其際也則至誠之能事與天地之大德合同

論說也歟

前幅就首節打透本節題脈已自貫通中間打疊兩節更妙聯牽搭法後幅就本節收上二節亦筆筆飛舞　武曹

末節不重在知至誠只是極贊至誠此文前路即打通知字中間以知字作線卻步步以至誠作線深合題旨穿插變換不減慶曆名人手法

惟天下至聖 三句　　汪倓

惟至聖足以臨天下，有聖知之德者也。夫聰明睿知，至聖之爲德特如者，而不足以臨天下所矜。且吾觀堯舜文武數聖人所以接物，要天所君者，當非以其神奇天縱，未有聖德而哉。盍將形容攝天生治之任，必先默稽離聲絕類之旁，要固天之生，是使獨知之。蓋惟天下至聖所秉，極天下之至優而先天下强探而力索者，皆不待而德稱其奉之也，所程君天下之至精而足天下氣拘而習設音也，禮而則亦聲然以戴之也。是故吾見其儕入而莫通矣，則闢矣；吾見其物來而能照矣，則明無不異矣；吾見其思之能

而以之能事乎物矣則審知無不周矣而于以語天下亦何
以之澤衷也書人所熟之以耳目所無知其闢見之有遇也
之以以思所無妙其知養之思發之惟天固以為顯遇补
皋人聚之不可無以録之也夫乃後至擊以神重絶物之資所使之
作之於焉而其德行之莊成著真異以不冒于無外也蓋堅人作而
萬物藏鐵參生民之多欲也挾其弘目之才而且不難作聰明以榭
裹也情其心愚之用所且不難擇錄術以神奮也雖天固以為林九
縱游之諸之不可無以取之也夫巧錫至擊以變化無方之質而使
之幾必方焉而其神明之默運者真足以廣被于無疆也蓋堅人出

而氣剛威寧矣且人主嚮明而出治則必有撫臨天下之本務而全
聖之清明在躬志氣如神聞有天授非人力者録其于天下之大然
有東西南北而自有以備服其心至聖之所爲本皆誠若是其深
也而豈徒挾大限限之勢以相駕矣且人主居高以御下則必有於
臨天下之道傳而至聖之神以知來智以藏往聞有合一而不測者
數其于天下之大經有德所內外而自誠以前知其中嘉至聖之所
若異其神也而豈徒恃大臨臨之分以相臨乎而至聖之
惟書者矣
魄力不愧大家光彩在處處發舒暢蒼蒼振動出來可以知

彩盛流麗

大而心細

中庸

惟天下至聖　全（中庸）　林春

惟天下至聖　全　林春

至聖德極其盛而有別天之治焉蓋聖人之德天德也其特出於己而尊親于民者謂不足以配天哉予思以此明天道意曰人君繼天以御世使其治不能與天相似非所以盡君道也惟天下至聖聰明睿知獨全夫仁貞之良而居上臨下自豫乎君人之體其足以有容有執也仁義之成德也其足以有敬有別也智禮之成性也故自充積者積之厚溥而無外矣淵泉而不測矣由是觸之即應有不一出而咸宜者乎而其非五者之呈露也又自充積者狀之與天同其大矣與淵同其深矣由是見之容貌言行民其有不敬信悅服者乎而

便有力

倒提天字來句

簡淨

直下

成弘正作讀本　中庸

莫非五行之感通也是以盡華夷之地而聲名四達者固本諸此也盈天地之間形氣不尊親者亦本諸此也德至於是巍巍乎不可及（帶出配天）矣化至於是蕩蕩乎不可名矣故包含徧覆者天也而至聖備五者（特配天句）（總收上文）之德於其上固與天道之於穆者同其運斯民誦五者之德於其下亦與萬物之並育者同其神聖人之於天其相為配合者乎是知聰明睿知天之質也仁義禮智天之德也敬信悅服而尊親天之化也上有配天之君而下有忠天之治君道之盛蔑以加矣

作此題者苦難粘合末句文入手即提天字後幅又將天字串合通章誰謂倒提逆縮之法創自隆萬諸公乎

惟天下至聖　一節　戊子　　徐用錫

嗣舉至聖之德、而天下賴之矣。夫謂之至聖、則聰明睿知自裕也。合
之仁義禮智、各有分見之德、而天下孰能外之哉、且夫人以藐然一
身、謂可以聯天下之無窮而有餘者。此非徒誠之有以裕其源、而亦
明之有以合（德○德明）
至而乃
用蓋明者、誠之所發、而性之因端而見者、亦各極其
、可以一言盡誠之所發、不可以一言盡矣。何也、誠則
王名焉。無不誠則無不明、無不明則無不通、而天下之
於天下之不能相統者、何也。非以臨焉、容焉、執焉、敬焉、別
以是歸惟天下至聖、靈秀獨鍾、而氣有所不能拘、其至理之

（眉批：地○精；有手提起；數○虛○字○一○章○柱○要；說○至○聖○精○透）

一本萬殊者粲然醉備自見其體物而莫之遺清明在躬（六字○上○是○小○德○川流）
能藏其天德之流行由全體而大用者藹然美盛實覺
不在何以有臨以其猶是耳目也而聰明能極其至焉
燭無疆
下無不決之事以其猶是心思也而睿知能極其至（縈○帶○有○理）
焉知幾其由（亿○核○曲）
天下無可遁之情足以有臨有必然者然使有意以（每○四○字）
聰明睿知而其不足有容者在是矣至聖則能寬焉裕焉而居之（俟○分○內○外○說）
不遁也溫焉柔焉而處之克諧也而天下在其度內并然使一切以
可裕溫柔見而其不足有執者在是矣至聖則能發焉強焉而自任（俱○自○然）
甚勇也剛焉毅焉而有主不撓也而天下于以定志矣若夫執之過

于國而凌厲生非所以為歟也以觀至聖又能齊莊中正而王度以召之心以一也恭己南面而足以作其肅若夫敬之備于靜而簡愨生非所以為則也以觀至聖又能文理密察而有條而不紊精義以入神也極（聰明睿知）知以知之所之先也

研幾而足以作其哲若是者惟其知之精故其體之盡以之有義以之正禮以之行此起元之貞所以開萬（寬容密察之知）冷之而仁有仁之公義有義之衡禮有禮之等此總萬事之成也故惟並無虧而萬物皆備之實歷歷可（聖）而神明不測之號應有所歸信乎其為天下至聖也

先生有聰明睿知蓋水于五獨兩德焉皆獨二形夫婦

易夕位子時分前半後半聖賢言智或先之或後之此先之者蓋智成始而成終也聰明睿知之智開先之哲所謂火日外光能散而施文理密察之智精義之極從所謂金水內光能翕而受孔子集大成亦以是為所謂智始終也今先生言之甚詳聊述此意以為文自記

明辨晳上一純粹精也吾無間然矣　儲中子

既不推採亦不凌獵謀篇亦善不獨詁義之精而已

惟天下

唯天下至聖　臨也　許開基

以天禀者御世、有臨所以推至聖也、夫天下大矣、而至聖何以臨之、有餘也、本生知之德、為御世之資、亦足於其聰明睿知而已、且（嶽峙淵渟）天命集於一人、而維皇因有獨優之賦、界兆民統於一聖、而天子獨昭首出之神、奇非其權足以攝之、實其德足以畢之也、蓋志氣（凝鍊綱顯）如神參三才而立極、斯範圍無外、周四海而非遍、而頌帝德之廣運者莫不仰帝光之格被矣、（排空而入）今夫天下非一人也、九州非一姓也、各有耳目、各有心思、皆將予智而自雄、同此耳目、同此心思、孰肯降心以相服、乃有聖人出而膺圖御極、不恃勢而其勢莫隆、出震

秉乾不角力而群力皆屈若是斯何哉吾蓋推其世始溯厥生初

出首句是重

而知惟天下至聖為不可及也一稟得秀而最靈而大若儲其精英

蔚然而龍鳳騰躍然而韶鈞鳴

領句山立

以纘聖能之誕受而大思濬哲自膺帝位以光明一性不習而自利

元后獨神其寶錫以燭庶務之本原故欽欽狥齊自表萬邦而作

觀一聽則曰聰也視則曰明也其無遠之不著者即見聞所未及一

一坐照而靡遺一睿則作聖也知則作哲也其無微之不入者纖思

慮所未經一一周通而無礙一聽明睿知知此夫乃合於知臨之宜

崢嶸突兀

而無不足矣一非有運量天下之規者不足以服天下則臨之有取

承當發揮奔思壯不得不曾有

於君道焉至聖竭其聰可以定律而審音竭其明可以立器而尚

象竭其睿知可以敘制而顯庸無御四方之量雖穆處深宮而其
（是抉道掉尾雄勁足以字爽之有神）
道已格一時之載高覆厚者咸曰此所謂天授非人力也非有臨
御天下之方者不足以服天下則臨之有取於師道焉至聖用其
聰有以振天下之聾聵用其明有以發天下之愚蒙用其睿知有
以啟天下之知覺綿保萬世之功雖齋居一室而其理已涵一時
（是師道像贊）
之就日瞻雲者咸曰此生民以來所未有也一然而至聖不以聰明
（波瀾壯濶一縱一橫接之無非精理）
睿知自矜也黈纊凝旒斂精神於穆謐恭默思道一念慮於靜專
而操之彌約者流之彌光所以照臨之象不足於端拱垂裳之日
而足於受中成性之初一然而至聖不以聰明睿知自恃也明明目達

聰必期旁通而不滯集思廣益更采翕受而無餘而攬之愈廣者發之愈宏所以臨御之道不足於獨明出治之時而足於燭幽明（題任不盡）微之地而其德之分流者則又可得而言矣

翕河喬嶽集為威儀髙閎典瑋讀之神聳　柘蘊高

頌々其實洪々其聲奏金石以成蟋蟀之鳴豈非鉅製　陳星春

蹦中炳外英動非常鴻筆之人為國雲雨　沈湘渊

然深雅健可以與西漢文章　徐邦政

惟天下

唯天下至　一節　張景崧

至聖臨天下之德。列言之而無不足也。夫臨天下。非至聖不能。歷徵諸容執敬別。又何有不足於德者乎。且天地之德。小者如川流。凡其充積有餘。而皆其足於無形者也。而神靈者出。徙々與天地合其德。蓋凡天下紛紜百出之故。統之以一人之深量。而無有不給。循接盛美者。未嘗不一々有以窺其深也。今夫天下大矣。臨天下者。豈難足乘權當寧。正南面而嚮明之謂哉。將以宏恪肖仔鼎鉉儀型百辟。紀盡萬幾。而孰是足以有臨者乎。其唯天下至聖乎。至聖不能以為[illegible]勝物敵。垂旒塞纊以掩聰明。究々以其[illegible]天下[illegible]

之屬精者欽天下於恭默之中　不竭　一至與
人敬聽德視遠而聽明著於哲謀度務研幾而曆知深於[illegible]下
於以服一人之不測者運天下於化神之內而不萬清淨之烈至星
之足以有臨如是而猶有衷懷褊隘志氣浮靡揚襲周旋鋒鍔無度
危疑紛錯藝事終踈使天下議其不足以容不足以執不足以敬與
別若哉紛或啟色荒之漸果銳亦傷渾穆之神而垂聖非其比也
極其大度則寬裕溫柔焉奮其神武則發強剛毅焉含弘者萬方無
不宥其中堅確者一物不能撓其外蓋容非姑息而執非拘固臨天
下者所為仁至而義盡也緣飾皆忘於矜持綜核亦成於苛細而至

聖無必患也一無所牴則齊莊中正焉一無所蔽則文理密察焉持
躬不妨發萬物之後洋哉無不居有慮之先蓋敬亦從容而別亦渾
厚德天下者所爲禮和而智深也蓋有其生質而言則一本之原渾
淪於天亦祇可統而舉之曰此其全足焉者也所以君師既肯出
於庶物而鎮元后者猶將以聰明睿知徵驗諸天寬以肅有其全德
而言則萬殊之理散布於無形亦何難分而著之曰此其各足焉者
也所以肯容雖未形於聲色而仰作觀者早若於容執敬別想見其
秉乾而御此其爲天下至聖也德何如其玄積耶
風之積厚故能負大翼雄深

[illegible]

惟天下至　所倚　　陸毅

推至誠之功用有出於自然者焉夫惟誠至者能自至也歷推其功用豈有所倚而然哉且中庸既尊至聖矣復進而推至誠者聖有能誠亦有能也恒人一念之誠充之可以合道可以見性可以不隔於命而況諳居其至舉功用之甚隆皆有莫之致而致者乎雖然難言之從來誠之量通乎天下而誠之理原乎天地是故秩然共由者然也淡然各足者本也日運而不窮者化育也設也人而未誠則顯之在天下微之在天地者吾躬鮮體倫之實於是內証之而一無所能徃徃然矣設也誠而未至則與天下相徃來與天地為參兩者吾心

宕逸不羣一空宿障

陸□□□新稿　中庸　外□集

少暇逸之休於是外求之而輒多所倚久往往然矣乃若至誠則何（并揭起末句妙）
如惟誠無私無私故無嗜慾之蔽其於天下也泛然酬接猶有真意（句句從誠字想出）
以維之而況與以為聯屬者君臣也父子也夫婦昆弟朋友也分相
判焉情相浹焉則皆誠之自為分自為合而已矣惟誠無偽無偽故
無情識之萌其於天下也變故紛如猶且澄懷以待之而況性體所（風發泉流沛乎莫可禦也）
淡涵者一喜也一怒也一哀樂也靜相忌焉動相協焉則皆誠之自
為存自為發而已矣惟誠無妄無妄故無氣質之拘其於天地也於
穆不已一心久已渾全之而況著見於行生者或屈也或伸也或翕
或闢也數相叅焉機相揄焉則皆誠之自為通自為徼而已矣若是

乎一誠也貫乎大經貫乎大本貫乎化育其誠非偏至之誠所以其能非偏至之能也一能也散而經綸散而爲立散而爲知其能非積累之能正以其誠非積累之誠也而如曰有所倚乎則將倚我才以〔○所○倚○亦○不○同〕守經而才也者氣節之事非經綸之事將倚我力以敦本而力也者〔○分○殊○奇○矯〕矯而持之之事非立之之事抑將倚我識以窺化育而識也者揣摩測度之事亦終非知之之事噫曾謂至誠而然乎哉〔○滌○約○〕天下無所倚者恒患無所能惟至誠之張弛自裕天下有所能者恒患有所倚惟至誠之畏勉胥忘吾故進而窺其心體也

人所謂嚅不能道者從筆直書更無瞻顧華巵纚縴湧雲何家欵

新稿　中庸

也　也

唯天下至聖　一節　陳遷鶴

聖之至者有全能天下所以賴之也夫至聖之聰明睿知本於天
而容執敬別自此足焉斯其所以為天下至聖也歟今夫撫庶物
而寧萬國必尊首出之一人此一人者神明居於極至於其所能
是天道
也而其無所不能者天也故以大過人之姿成其大過人之
德舉也所待治者一觀其中而咸備又不待事物既至而後徵
古中
迴邁千古者乎則我思天下至聖已夫上古以前規制未
正見生知之妙
大覽觀則前無可師之事欲廣稽謀則下無可詢之人唯天
至聖為能肇造經綸擬所未有此必不恃耳目以為功者矣中

從以來○制度略備○然大義僅見於微文○而人不及知○兩間但示以
形　而理有未顯○唯天下至聖○為能精其規畫○底於盡善○亦非啇
○作　以○為○用○者○矣○所謂亶聰明作元后也○睿作聖○知周乎萬物
○也唯聖可以當此○以之臨天下也○復何疑○由是○言其仁則為容○總○冒○四○股
○言、義、則為執○言其禮則為敬○言其智則為別○一皆臨天下中事○以○下○跌○取○勢○
○也○然其事尤有難焉者○夫人主安得盡天下之人而容之○聖王在
○上○非辨智愚○無以清流品○而分淑慝○無以善激揚○且人主又安得
○盡天下之事而執之○郅隆之朝○不極變通○無以大法古之猷○不權
○時宜○無以成裕後之美○至於敬而其道大矣○帝王各有心傳授之○節○奏○俱○合○古○法○

於敬則無不同聖賢各有學問考之於敬則無不一至於別而其用精矣天人理亂之介所則止在幾微邪正是非之介所別止在疑似凡此皆未易為若臨者概則也而至聖若無所難者今夫有（化四段為三段）愛物私而不能遍及者是度量之未宏也宏其量則以愛物至（一句一轉一有一力）存有立事之志而不能貞固者是操守之未堅也堅其守則以立事無之矣有承天畏民處事辨物之意而不能自盡不能咸宜者是氣之未肅哲謀之未深也肅其志深其謀則以凜天民度物無是矣至聖之寬裕溫柔發強剛毅齊莊中正文理密察皆（至大結點題面）以大過人之姿成其大過人之德者也則於容執敬別又何疑

前半如大輅鳴鑾徘徊容與末幅則又大海紫瀾也　查荊州

緊者領之重者輕之其得力處全在架空而行　運上

首二句領起二比通篇出色以下或逆或順多用小股以取机

勢亦不稿中多正大沉雄之作此殆其變體也　紫馭

唯天下

唯天下至　大經　　黃淳耀

唯聖盡倫本天而後能治人也、夫誠者天之道、大經者人之道也、經綸之責舍至誠其誰能焉、今夫人不能美厥性情以求純脩、則亦終此句
後將太急則前七字贅、然而下文莫發矣、
其身無亟于倫物而已矣、夫大憫人羣之攸敎、當力進于肇修而求物則之精詳、先自辨其精偽、以吾極論至聖以觀其外、仍推本至誠以
其意虛映下文而實淺
觀其内也、誠而曰至以言乎體用一兼之也、而證在精微之處有不
屈也只精、在眼次句太急、
可、即傳者焉、則撥常盡實、夫亦有以形其用矣、且以言乎理事之難缺也、而理妙言思之外、有未遽見功者焉、則革薄從忠、夫亦有以大
○大○經○之○本○乎○作○盡○人○盡○有○但○至○誠○之○體○○能○經○綸○之○耳○
其事矣、蓋斯人盡有不容已之意、本誠而來、故大經斯肇至誠獨有

四三

荒心稿　中庸

不可掩之懷因天下而動故經綸以彰當其謹儀軌紀求無罪于尊親之前則至誠亦天下之為子為臣者爾不覺其有異也迨忠學積久惻惻生見天下相漬相凌紛不可治而一人之條貫出矣大昭穆設而世系之真明堂陛級而天澤分定寢腊以将笙禮以法一事立而千百之儀文出其中也何倫脊之孟舉欽當其境迫倫窮祈無城于維垒之驕而至誠亦天下之自修自責者爾不覺其有條也迨義理積而才智出見天下不親不遜各有由來而根心之辨治詳矣夫因我所能行而董以邦法因我所不忍而謳以雅章質文以生經權以益五品懸而精惡之人情貫其內也何範圍之曲至欽生民之

窟坊日滋矣唐虞商五之政或不可行于安南而一覩九族之敦睦（紛俞增易）則雖悉慮覃思不能增損其精意（增損乃所無庸）蓋增之已非其經損之抑又非其綸也明明之非常誦之而干我有動焉則至誠之和其則而誘之爾宇宙之變故日亟矣周官繁姿之文有不能閑夫鄭衛而一思宮闈之雖肅則雖裂坊踰教咸知執物于神明盡經以治天下之不軌綸以治天下之不物也悠悠之薄俗對之亦于我有媿焉則至誠之陳其常以藝之爾是以琴瑟干戈各秉其位不過盡牖民孔易之心而睦婣孝友克舉其嘗即以見物與无妄之理古今之自外于六經者鮮矣其可忘至誠也哉

首七字貫通節旨應截做另出次句註作亦次第挨講以次句粘接大處則首七字替舉為次句而言似截仍非截也且善留前平虚氣體條熟未足盡先生之長

唯天下至聖　全章

歲試侯官縣學一等一名　鍾兆相

徵小德於至聖而以配天歸之焉夫天敷萬物而不與聖人同憂者也至聖之盛德大業其分見者如是稱曰配天誰曰不宜子思意曰吾言小德川流而凝誌天地之大則亦莫與京矣雖然天統乎地其一元敷給羣生固樂其怵懷而聖繼乎天其象理分明萬國同傾其畏愛蓋體與之相均則用自與之相協不可强也其唯天下至聖乎與天同量日新富有甄陶遍及於八荒贊天成能積享流光格被誕敷於四表何嘗沾沾焉凝一天以求合哉乃由其德之備而究其化之隆始知高明配天之虛語也今夫天以

章○脉細甚

引

○大○起

小達識讀

命為主宰而元亨利貞之德發微而不可見天以氣為推遷而生長收藏之化充周而不可窮使至（大○路）聖德有所不足化有所不及方無以承天之命而猶云昊天其子也哉乃觀至聖聰明睿知既天姿之獨絕容執敬別復天性之渾全此其心涵萬理理殊萬有其周遍則為溥博淵則為情靜深則為淵有本則為泉雖未出而臨（衝○風○沸○滾○無）民已裕有時出之勢何其德之建也（盡○諧○作○崇）且夫聖天子慎修厥德欲以擴配天之鴻業豈惟是深宮自理高拱無為已乎必將爍著於威（妙○在○百○忙○中○得○閒○情○冀○不）儀文詞而勤思乎兼容并包詩不云乎普天之下莫非王土率土（尊○親○以○上○一○片○精○神○盡○吸○入○於○中）之濱莫非王臣德之所被雖草木昆蟲莫不得所況含生負性之

倫至聖又烏能已已。今者至聖溥博之盛既如天矣淵泉之盛既

如淵矣由是而為見為言為行皆德之所形也由是而民敬民信

民說皆德之所感也當是時聲赫靈濯六服率從號渙言傳萬里

此服盡清放出

繇作五色索霞

奔走自中國以及蠻貊凡舟車人力與夫天地覆載日月霜露照

逞其妍淡

隊之區罔不仰聲名之懶而致尊親之戴受命之符蓋在此矣稱

同配天豈不盛哉蓋惟本藏用而為顯仁自與乾道並流行之運

由全體而致大用斂與彼蒼同資始之功所謂天下至聖以此

也所謂小德川流流以此也人主而欲恢無前之偉績則聿修厥

德乃配天之本也

稍選試牘

高渾似大僕豪縱似陶菴才人學人一齊辟易

唯天下　鍾

中庸

唯天下至　臨也

歸有光

聖人具生知之德而臨人之道在是矣蓋君天下者必有天下之德而後可也孰謂聖人之德為天之所厚而不足以有臨也哉且天下之事必本於德德之不具而施於用則窒矣故天下之大任必聖人而後可以當也是故天生物而厚於人而於其中之出類者謂之聖人天生人而厚於聖人而於其中之得其純者謂之至聖至聖而同乎必其形與人同而形形者非人之所同性與人同而性性者非人之所同言其聰而無所不聞也言其明而無所不見也言其睿而無所（透發上四字而是以有臨意已出）不通也言其智而無所不知也高出一世之表莫之敢望而神以性

命通一無二矣無所不聞天下之聽也無所不見天下之明也無所
不通天下之睿也無所不知天下之智也獨視寰宇之內莫之敢並
而仁義禮智充積於中矣至聖之德如此則天位乎上地位乎下而
聖人致成位之能一天以生物地以成物而聖人立萬民之極均是人
寔惟足以有臨何上[redacted]聰明睿知
也而獨聰明焉苟其聰明之不如我者皆將相率以尊奉於我而聖
人者果有以慰斯世之望則總天撫世不媿于元后之責而南面以
聽其道俗矣均是人也而獨睿智焉苟其睿智之不知我者皆將相
率以綱織於我而聖人者果有以當斯民之奉則握乾闢坤無不符
父母之道而協燮以合其治辨矣一聖人之身固無以勝天下之大

要之不以其勢而以其道而淵泉之默運有不倚於耳目心思之用（從上句生化發析以有然）者則百官列辟不足為其衆也群黎百姓不足為其多也何也紀（透甚）於聖人之心者固包涵而不遺也有限之知固無以勝無窮之事要（何滯有害）之不於其位而於其德而聖心之湛然有不滯於聞見揣測之迹者四海九州不足為其廣也戎狄荒服不足為其遠也何也運量於聖人之心者固丕冒而無外也是知有至聖之德而後能當天下之任能當天下之任而益可以見至聖之德作中庸者亦可謂善言聖人矣

此等題乃能揮手自如一塵不滓豈非大家原評

成弘正嘉大小題文讀本　中庸

首句即透出足以有臨意。次句又能貼切聰明睿知說。上不蹈下不空發。行文更有疎宕之氣

惟天下　歸

唯天下至聖　睿知　蕭士瑋

至聖之能皆天能也夫聰明睿知出於天哉而非至聖不能也故唯天下至聖者能之且至聖之能初不求異於人也而至聖之能吾人又自不能也即如一耳目也而惟至聖能聰明也即知一心

（所謂川流即是流那化出來底然也）

思也而惟至聖能睿知也一無不聞之謂聰遂聽之謂聽也孰能任

（人那作兩層變始末必如此故並玲瓏也）

耳而聽之而聲不逆吾之聽還耳而聽之而聽能善萬物之聲也此非從耳生也非從聲生也唯至聖能之也一無不見之謂明自視之謂明也孰能任目而視之而色不亂吾之明冥目而視之而明能善萬物之色也非從目生也非從色生也唯至聖能之也一作睿

者思乎第人有思皆邪也而無思則寂滅也誰能思而[illegible]而不

拂乎曆之體不思而思而得乎曆之用也又非至聖不能也周物（累實元高後二股[illegible]句）

者知乎第人遂物皆知也而絕物斷滅也乍能一無所知而全乎

知之神無所不知而不拂乎知之然也又非至聖不能也故聰明

亦還之聰明曆知亦還之曆知至聖非能盡之能不失之也不失

而聰明曆智惟至聖能也一人人亦各有聰明人人亦各有曆知人

人盡失之至聖獨不失也獨不失而聰明曆知遂惟天下至聖能

也惟天下至聖又何難臨天下哉

并題首五字俱周環飛動直是靈氣所結非隊書也

○唯天下至　睿知　　蕭士瑋

至聖之能、皆天能也、夫聰明睿知、出於天哉、而非至聖不能也、故唯天下至聖者能之、且至聖之能初不求異於人也。而至聖之能吾人又自不能也。即如一耳目也。而惟至聖能聰明也。即如一心思也。而惟至聖能睿知也。無不聞之謂聰。返聽之謂聰也。孰能任耳而聽之而聲不淆吾之聽。還耳而聽之。而聽能善萬物之聲也。此非從耳生也。非從聲生也。唯至聖能之也。無不見之謂明。自視之謂明也。孰能任目而視之。而色不亂吾之明。冥目而視之。而明能善萬物之色也。非從目生也。非從色生也。惟至聖能之也。作睿者思乎。第人有思也

（何○云○人○不○）

（作○法○奇○淺○鉤○未○必○如○此○收○空○玲○瓏○也○）

邪也而無思則寂感也誰能思而不思而不擾乎睿之體不思而思
而得乎睿之用也又非至聖不能也周物者知乎萬人遂物昏知也
而絕為斷感也誰能一無所知而全乎知之神無所不知而不蔽乎
知之照也又非至聖不能也故聰明亦還之聰明睿知亦還之睿知
至聖非能益之能不失之也不失而聰明睿知惟至聖能也人人亦（霎然出至聖却）
（不壞其心也復）各有聰明人人亦各有睿知人人盡失之至聖獨不失也獨不失而
聰則睿知遂惟天下至聖能也惟天下至聖又何難臨天下哉

前題首五字俱周環飛動不過善取逆勢　何屺瞻

何嘗不實發四字却能做得字字玲瓏作理題文須從此經入門

筆下自不至有蒙晦之色

學讀本

唯天下

蕭

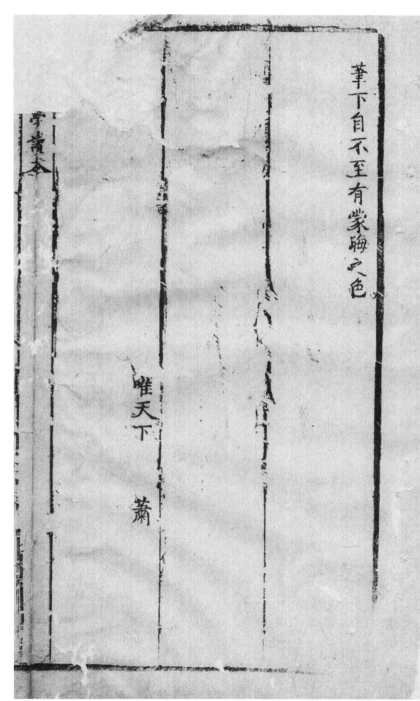

唯天下至誠 大經　　王鏊

唯聖德之實盡人倫之至蓋聖人人倫之至也自非誠之至焉
人道之極而為萬世法哉且夫聖人者其心真而無妄其德純而不
雜得不謂之誠乎不惟誠也而又為至誠不惟至也而又為天下之
至誠聖人誠之至如此則能經綸乎大經矣是故大經有宜分者焉
且分而不分則混而無別矣聖人於是理其緒而分之分之所以嚴
尊卑之等使君自君臣自臣父自父子自子秩乎其不紊也經之不
足以為天下後世法乎有宜合者焉宜合而不合則乖而不和矣聖
人於是比其類而合之合之所以通上下之情使君禮其臣臣敬其
君父慈其子子孝其父藹然其相親也綸之不足以為天下後世法

乎一分之一令之而皆為法於天下而傳於後世也是固至誠之所能而豈他人之所及哉

楊維斗曰經綸二字如日月中天印沙畫地未足喻其精到

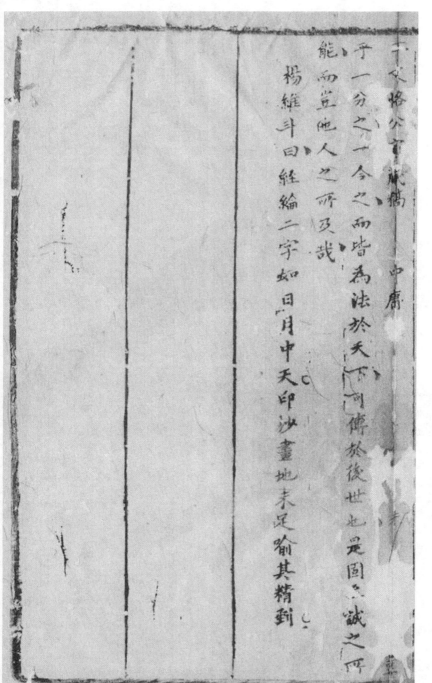

唯天下至誠　大經　　李祖惠

唯至誠為能盡道而經綸有寔功矣夫大經在天下盡于己即公
于人也自非至誠孰與經而綸之嘗思大道闡世而常存彝倫待
聖而傚叙於穆之理爲為人綱人紀要其兼綜條貫必顯設于大
聖之身而始定之蓋秉純德之無私履至道之不易誠體備于身而
益彰明于世也天下有大經為含生負形以後萬類本屬等夸無
以分之則瀆故高卑設位旋有親疎內外貴賤長幼之防以周乎
其際而禮義攸錯道于是乎可常知覺運動以還萬族群私一哉
無以合之則離故天地交通即有上下剛柔彼此物之接以遂

乎其鄰而思誼維持道于是爲可久經之爲言蓋人因致以自外
則天命賦予之維均經之在天下何人遂只以成能則此性主宰
之不寔其唯天下至誠德圓而神而動符天之所以相處如此而
旋旋禽蒞出經綸
守常如此而通變有我之私豈得之乎蓋誠精則明條理之間燭
蒞品物
照而數計誠應斯妙倫物之故化裁而推行親義別序千古祇此
有情之宇宙一經履蹈于聖人確著其分之不可亂重輕於濟適
典要所歸斯其所以經之爾矣詣厚而力而運全我之所以爲人
如此而歆欣如此而憂戚二三之見豈得參乎蓋惟誠不欺萬物
之紛各以其真相見惟誠無間有知之屬得以享氣相流洽交乎

臣依古惟此常定之民志一自來數于聖人。果有其義之相學固

委折非迂亦徑直非野斯其所為綸之爾矣然則顯道之垂雖同

日星河嶽之不容或揜定則扶經植義非至誠其疇任之所以圖（即非道只是人意）

書疇繇來民以為秩敘之始不知空虛無寄即兩大圇或自預其

功達道之行雖根性情心術之不容自已實則垂世立教必至誠（是學而聖者）

始克端之所以[illegible]校師儒百代沿為明倫之具不知效法無宗即（于是聖先師亦只義）

君相莫由自紓其業經綸天下之大經洵為至人盡道之能事矣

盡倫之理只是一誠堅定老確學見本源　黄正衡

大[illegible]有自然之經綸而經綸都待至誠洗發精透有功經義

本朝[illegible]取文達

惟天下

之文　周鑑堂

李

唯天下至誠　大經

一名　沈捷鋒

至誠能天下所難能、已于大經、先見焉、蓋大經為天下所同具、而能經綸之者必歸至誠、然則至誠之能事不先可見哉、且夫論理之間人精莫不好異。聖人祇率其常也。人情莫不畏難。聖人祇覺其易也。惟難不見難。而精力足以致之。亦常視為常。而神明可以運之。使厭其常而弗講。斯讓其能而不居。天下雖大。而倫紀之修。無怪乎獨推其能于一人矣。吾是以思天下之至誠。无妄之體根于性生。不息之功。由于素定。斯亦不必自見其能于天下。而天下先有以見其能者。夫至誠果何能哉。至誠非遠乎人以為能。子臣

一氣捲舒足分一般不可少

弟友各有攸宜而理之所周自不失彝倫之攸敘至誠亦非外乎情以為能忠孝節廉各歸至當而道之所達要無虧秩序之常經蓋天下有大經唯至誠為能經綸之也物莫不有其序緒不紊分則其理不明經之所以分其緒也誰無尊親之彝倫則自我而敦

切、安、飛、揮、說、得、精細

誰無家室之歡分則自我而盡惟誠之根于性始者有以周浹于縷析條分之際而莫之或淆則斗、親義序別乃各如其分以相償而分之所星即情之所至也先天下而定制于一人惟至誠為能裕之物莫不有其類匕不合則其義不廣綸之所以合其類也稼孝可以作忠理無歧致友生愛加兄弟誼有由推惟誠之乎于行習者有以備極其纏綿悱惻之忱而一不容稍閼則凡愛敬孝慈乃各因其性以相浹而性之所流即恩之所洽也合天下而待治于一人惟至誠為獨優矣然則謂至誠獨全乎素性以為能非也至

語必從宗欽乎侍從

誠惟自盡其為人之理而天下之人皆在其經綸之中雖欲窮心力以為說而範圍不過曲成不遺則惟此真實之量貫于初終而已抑或謂人倫獨責乎至誠以為能亦非也至誠亦共由乎人之道而後世之天下自莫能越乎大倫之外雖欲外性情以為異而驗之皆同放之有準則惟此惻怛之懷周乎儔類而已夫克明峻德以睦九族之咸親敷教在寬亦五品之時遜至誠非天下一人也

直省鄉墨觀成
進觀立大本知化育而能事全知
淵深肅穆浩乜元音理境中上乘文字

九十　福建

唯天下至誠為能經綸天下之大經　貴州一名　孫濂

能事歸至誠大經其首見矣夫至誠之能豈僅大經已也然其經綸已莫及矣其能不可先觀欤且天下一積理之區也至誠一積理之人也理著於天下者有其倫理出於至誠尤獨體察倫之罪仍與不盡屬類之制皆衆參錯穆之原貴捨之則敎象啟羣師之統蓋其能始獨絕也誠道思敦化之人德合夫德也者雖其始於天則有夫婦有父子有君臣自具秩然之等端其則於人則始愛親繼敬長終立君自有治然之峙天下有倫外之夫誠孰誠觀天下之至誠〻著於一端雖有百於亦莫不與能然其言誠異唯

至誠無一之不具焉無形無色之□渾然者靡不該也□然者莫
或遺也易簡以種其原乎童先根天款肚顯藏以昭其感孳蔓
情為天經舉天下之形形色色公無貳一誠之貫注矣識基於眞体
必會羣聖而始成一能斯其量猶小矣唯至誠無一之不備焉無
方無體之理測之而一不得其端也挹之而不盡其致也切而求之
愛敬亦秉彝之良精而求之愚孝致風雷之感率天下之無方無
体皆至誠為之鼓盪焉雖然誠無不寔原莫窮其磅薄渾淪之量
誠本兂矣必先敦乎子臣弟友之經不觀夫經綸天下之大巳
下秩敘根乎天兩人並而主敬生恩之義著乎萬人並而天命八

今之分胎文以生情情以生文經綸亦甚難矣夫俠提有感而動
民氣於親而深其慕於兄而敢其恭究不能恩明諸美亦萬古天
道之常至誠何如也值其常則侵門問而堂下拜化儀亦連為模
值其變則干田泣而東征悲思義更示其則俾天下血氣之倫莫
不羣好懿德是蓋一誠之充周於類倫間也夫豈一身之明察也
共分誼聯於人處乎上則仁慈以聯下處乎下則孝敬以時上因
分定名因名循分經綸又甚難矣夫賢哲雅意明倫夫抵庭情篤
愛日之悅堂陛歌鄉雲之旦究不歛叙倫從与樹千載人道之極
至誠何如也窮五倫以盡一倫既生豫之先乖稍一倫以貫五倫

復。於。穮。施。之。有。序。俾。天。下。逸。居。之。民。莫。不。咸。遵。其。化。是。蓋。一。誠。之。蟠
際。於。倫。紀。間。也。夫。豈。一。己。之。敦。飭。也。哉。試。更。詳。其。所。能。
說理獨宜徵實否則蹈空非塵即腐 階平

唯天下至誠　二句　　陳淑均

至誠有極能之量，於大經先驗其經綸焉夫至誠固無所不能而唯天下大經尤徵其實用也故然言至誠而首贊經綸嘗觀萬事祇寧乎一誠而大要不越於常經經以誠備其體體大而流貫皆真精也誠以經運其心心至而措施有分合也然所謂經者原不自至誠始而至誠亦不自此止也秩序綱維人類咸賴而天下乃不得不以是先推矣中庸一書始云不可揜繼云不思勉至於為性為教無非所以言誠然猶未極乎其至也一自人物推原於所性動變妙極於無方而如神寓焉不息徵焉震其能者僉曰經萬端彌綸而大唯天下至誠無所不盡也而何獨大經然其六亡憂絕矣蓋惟根於性始者慎獨以持其躬不貳以和其體息養瞬存所以裕於中者純而備致其学於行習也知能悟夫婦之真孝弟通君長之事息明誼洽所以篤於人者異而常不見其經天下之大經乎濂始生於易象夫婦固先乎君親通大道於策方朋友寔後於昆弟條不紊也緒宜分五誠有以辨之經其等威變則依序經其名教綱則在綱斯所以品物流形也而參差紛錯之致不以爲衣被而以爲絕直矣且夫至誠粹精辨晳而初何俟察物明倫台分量之無歉然而經理有方即問諸天下而亦誰辨其秩然

也。奉其名而混之已耳。不見其綸天下之大經乎。敷五教於司徒。親義別序悖其典。勉四道於君子。子臣弟友。繫其綱。倫不乖也。類宜合至矣。有以聯之。綸其情。誼蕪綜無遺。綸其恩。施固結不解。斯所以太和保合也。而纏綿悱惻之懷。不以為拘係。而以為維持矣。且夫至誠融洽。貫通初何。俟合敬同愛。始徵表裏之允符。歘而彌綸無外。即日親天下。而亦誰似其藹然也。有求其迹而離之焉耳。夫庭闈宮寢。行至庸也。至誠則以盡乎人者。卓越乎天下賢否智愚道共由也。至誠則以宰乎物者。綜貫乎天下。其體微其用顯。其心真而摯其量溥而充。即經即誠。誠以外無經也。即誠即[illegible]

以外又非無誠也誠即其聖也故聰明睿知變言至聖至聰明聖一

智而歸原至誠矣中庸於是乎不復言誠

緒密思深勃窣理窟交柯亂葉動無數一一皆可尋其源

唯仁人放　一節　顧憲成

即仁人嚴于去邪而好惡之極立矣夫仁者愛人故惡人之妨之也然則其嚴于去邪也乃其所謂能愛能惡者歟想昔傳者意曰天下

閑重惡人人婦到愛心兩平便

之未平以君子之未進也君子之未進以小人之未退也小人之未退

合宕面

君子不進于愛惡奚當焉其唯仁人乎仁人有見于殆我子孫之人必不可與吾之子孫共于朝也有見于殆我黎民之人必不可與吾之黎民共于野也于朝不可于野不可則有放流之而已迸諸四夷

頸云有此二比上三句方嫌四字識六云正反

不與同中國而已蓋小人之為心也甚險設復置在近地則窺伺之

桐生　十轉

際難消小人之為已也甚工不棄之遠方則奸諛之謀易入仁人

○仁○人○作○鐵○即○用○以○落○出○下○議○此○仁○人○ ○静○○○而○惟○仁○人○極

所爲深惡而痛絶也故天下、咸能愛人者皆曰仁人而不知惟此

○復○全○以○例○賦○回○旋○透○戌 異 境○

放流之遠始謂之能愛、有技則不使人媢嫉之也愛彥聖則不使

戴云 天已成下照

人之不通之也自有仁人之愛而君子永不復退子孫黎民實受愛

之、利矣天下之稱能惡人者皆曰仁人而不知惟此放流之遠始

謂之能惡、人之媢嫉則不使貽害于有技也惡人之不通則不使

貽害于彥聖也自有仁人之惡而小人永不復進子孫黎民實受惡

之、利矣是知天下不可一日無君子則不可無能愛之仁人天下

不可一日有小人則不可無能惡之仁人詩云樂只君子民之父母

謂仁人也

上唯仁人三字總點下唯仁人三字折開點又即抱上發論故無犯複之病學者當以為法

唯仁人　顧

唯仁人為能愛人能惡人 其一

韓 菼

仁主於愛、能以愛為惡焉。夫放流能惡也、然皆其仁也、切於愛人。自嚴於用惡。已曾子釋經意謂平天下者自謹獨以來、務慊乎好惡本然之念。而當出治之日。尤必遂好惡同然之情。則於用人之閒蓋其慎也。吾茲於放流見之。夫放流而以獨仁人能也。並生之朝致嚴擯斥然非峻也。繩一不正以扶衆正始得安。賈載之寬大度之主不示優容然非刻也。有大不忍以行其忍乃普錫臣民之福。仁者其有不愛乎。能愛即其能惡乎。愛莫急於有技彥聖是邦之楨也。國之光也。能容者方進之。而不能容者必傾之。且更足以傾能容者唯仁人甚愛此能容者也不得不惡不能容者已愛莫切於子孫黎民是曆之所以長也本之所以固也能保者尚有利而不能保者必不利且有不止於不利者唯仁人甚愛此能保者也不得不惡不能保者已蓋國家之得失全在人才仁者體樂只父母之懷自然朝無具瞻之尹而人上之安危亦緣財用仁人謹惟善為寶之念且并使世無悖入之臣莫非愛也即莫非惡也仁也

御覽訖大加歎賞

傳諭再作三篇來曰朕喜看汝文也臣黄作二篇奏曰此題格局

祇三餘恐複矣
上即命裝潢匠裱作一卷
命諭德臣并加圈點以進後作皆附焉恭記

唯仁人其一

唯仁人為能愛人能惡人　其二　　韓菼

愛惡各當、惟其仁也。夫當愛而愛、當惡而惡、一如其人而無私焉、
唯仁人能之、傳意謂為人君止於仁。興於國者此也。帥天下者亦
惟此也。而用人尤關天下之要。吾故於此反覆咏歎。夫仁人焉。夫
人而至於放流。所以用惡也。而放流一出於仁人。乃所以用愛也。
仁人不顧天下有善不善之兩途。而或裁或覆。本同天地之心。仁
人尤不忍不善與善之並處。而一長一消。足釋陰陽之憾。其能愛
人能惡人乎。仁人好仁者也。人而斷斷。則至正矣。人而休休。則大
公矣。是與仁為類者也。仁與仁相招。其時即有不仁者。不能巧伺

有懐堂增訂全稿　十九　大學

於其間以殆我子孫黎民利何溥也而能弗愛焉仁人惡不仁者也人於有技則嫉而加惡矣人於彥聖則違之不通矣是與仁為敵者也不仁亦與不仁相引其時即有稍近於仁者必不使留一於其間以利我子孫黎民殆何亟也而能弗惡焉列國亦有善寶之書交隣增其光寵而一深以仁人之豈弟則宅揆亮采常培百年以後之人才小雅亦有尹氏之刺嫉邪本是與情而一歸於仁人之董威則崇山羽淵早開三代以來之直道仁心仁政仁術舉在是矣

惡字上文已盡此處方出愛字故首篇從愛貫惡兩句作一句

合做題面不倒此篇愛惡平自記一

唯仁人 其二

唯仁人為能愛人能惡人 其三　韓菼

於惡見仁之愛即於愛決仁之惡焉夫放流仁也即皆愛人之仁也所以能用惡也傳意謂秦誓言一个臣已極不同之致矣而人君之愛惡誓不言也吾亟言用惡而必歸之仁人何也以仁人愛人者也蓋能容者與不能容者必不能相容如是則能容者危而不能容者之於能容者必使之無以自容如是則能容者愈危仁人於此知所用愛矣凡愛是人必思廣是人之途吾得一人而斯人能更為我得入則愛之矣愛之必惟恐傷之倘不安其身或孤其類可若何是未得之而憂既得之而亦憂也凡愛是人必思展

是人之用吾用一人而斯人能更為我用人尤愛之矣愛之必猶恐失之倘先沮其成以及其餘可若何是未用之而眛眛以思既用之而尤眛眛以思也而其時有不能容者出焉則能容者退矣有技彥聖者亦退矣而不能容者進矣反乎有技彥聖者亦進矣夫是故臨之以大智焉巧言令色能哲所以無畏也夫是故齊之以大勇焉讒說殄行朕師可以不驚也有昊有北聖朝寧樂此重典而天下咸服不得已之心無陂無偏斯人自生其厲階而王道仍弘欲並生之路其惡人如此而仁人之愛人乃遂矣不然是君子而未仁者也又不然則與於不仁之甚者也

提愛字天下截講 自記

有懷堂增訂全稿 卅二

唯赤則非　一節

崇陽　孫承福

更即非邦以為問許其能而疑釋矣夫赤而非邦宗廟會同之謂何正其為諸侯而赤所能者不猶夫求所能哉知此可以識哂由與點之旨且人各有能有不能因其能而能之而能見因其不自以為能而能之而能亦見夫因其不自以為能而能亦見將彼自以為能者其能蓋見而以人之能證已之能者可以曠然而悟釋然而無疑說在曾點問由而疑為國之見哂問求而又疑為國之復不見哂也而因以問求之意問赤非不知宗伯所以掌邦祀行人所以掌邦交職皆至重而正以祀為邦典交以邦尊何以不自

是亦為邦也點問赤點意中之問不在赤也且因問由以及求之意問赤非不知大夫以下有都宮而無宗廟附庸以下惟通問而無會同與有攸分而正豈宗廟非猶都宮會同非如通問何以第自居於小相也點問赤非邦點意中之問赤不在非邦也惟赤則非邦也與此一問也可以知赤可以知赤無異於求可以知赤有異於由而仍無異於由而并無異於點然而夫子不言也赤曰宗廟子即與點言宗廟備騂犧錫秬鬯潔哉侯祚之馨香赤曰會同子即與點言會同歌燕譽覲龍光美矣侯躬之揖讓宗廟會同非諸侯而何而猶是答問求之意矣然而夫子未嘗不言也赤曰小

祿子為辨其非小而量材而授用奏神人格彼之休赤曰未能予為信其必能而核實以稽並見禮樂修明之效赤也為之小孰能為之大而并可悟答問由之旨矣吾因之有得矣俯仰叔季之朝其濟神明者或五稔以不及為虞其託大國者或二竟以惡索是懼而嘯歌獨處慨然念拯濟之無期當亦聖賢所隱痛者耳苟東周可為竟戢用行之願有志者經綸素裕出以謙恭之抑志而雅度如覩斯真舍此伊誰矣則謂點之問亦為求問為由問而還以自問可並奔走廟廊之上其獲神享者可為蒸黎祈畜聚其結鄰好者可為社稷靖兵戎而歌詠太平穆然見澄清之有日當亦聖

賢所快覩者耳乃斧柯孰假徒深用我之思有心者嘉許獨殷得其褻贊之良猷而藉手可報斯真取懷而予矣則謂子之與赤即與求即與由而無非與點可也而點可釋然悟矣

領取題脈一片神行後二比真切唱歎的是此節書全章結穴大旨神游象外意得環中急索解人不得

唯赤則　孫

唯求則非邦也與　二節

亦為邦而不見哂明所哂非為邦也、

也者、觀其立言之體、則禮樂存焉。知夫子之哂不在此而乜

可以悟矣、○嘗思才者世之用也、言者身之文也。○士君子才

自命有素、而立談之頃。○後出以謙讓未遑之意、則師友辨論間

○一○口○道○破○全○身○出○現○○○○○○○

可以信其不誣矣。○如夫子之哂由哂其不讓也、非哂其為邦也夫

○既○註○出○許○字○可○見○○○○

子亦既明其意矣。○不哂其為邦、即許其為邦也、點亦可以悟矣。○

○被○把○題○可○作○指○點○用○筆○○○○

而點不悟也。○點猶云云也、唯求則非邦也與、唯赤則非邦也與夫

子其謂之何哉、○得千乘之地、為之權畫節宣、孰有如求者乎。○

界以六七十五六十恐不足以當其展布矣而求必曰方六七十如五六十者何居然求竟爲邦矣佐千乘之邑爲之脩祀講睦執有過公西赤者乎則有宗廟之事會同宜乎其任之而赤方且辭言諸侯退言小相者何居然赤竟爲邦矣自點觀之以爲二三子之志均欲見長畧心術而談治術虛擬若處人下而抱負却處人先所異於由者若何此點之見而未忝夫子之哂也予觀之以爲儒者之學期於有用惟求也必本淑身氣象者豪則事業皆屬虛姿所與然點者合其意也蓋才不足以經國者學術之

莊采訓

見之淺也諸公諸侯之封天子之所
何不足以為國耶對大邦而稱
前覘其几席退讓之間自可卜論事於將來矣宗伯行人
諸侯之所兼備即假言儐相之微亦何能不居其名耶
厠陪臣此王侯孤寡之義而應對有體維其胸懷位置之重自可
結出全相
見推度於平日矣夫求赤之志即由之志也觀夫子之許求赤則
由可知而點從可知矣點又何疑於哂由之故哉

點問求赤是討哂由消息子許求赤已見哂由分明俱在言
領點須知許求赤便許由而與點意在箇中但所以哂由不

求亦與點不與三子細味都在禮讓探得故一節〻不從了亡
哂由而語氣一路遞下是從哂由引出時解重對與點說便非
文於唉下先醒出哂其不讓許其爲邦便提領振玄點清
題面即將問答微情曲折傳醒入後總發以盡題蘊一緻便足
離合甚微虛實並到六谿之博大震川之渾灝合爲一手故足
巽運振靡　受業董子祁謹識

惟求則非　二節　虞□集蔚作

爲邦而必見哂則才士皆非矣夫求與赤果何嘗非邦也非特不哂而又許之點之疑可以已矣且士未可以一槩論也才各有□而言各有物惟聖人能處與以本然之量而未可與權者往往有所執以相掩焉如哂由之故既在不讓則是由之不讓乎所哂也

翻翔云如水之□

而由之爲國未始非子所許也然而點知其哂也不知其許也則爲邦者其皆罹矣惟求則非邦也與惟赤則非邦也歟而子獨置

翻周云真點題句而神氣愈完此妙惟正布獨

若需云筆□□緊合

之何哉今夫世不可無才而才之有藉以自見亦久矣今之得數十里之地而君之者有如冉求者乎雍雍于宗廟會同之間爲天

子竊相者有如子華者乎豈有一子其人自傷聲嗟不得致此乎
居師友間明明領焉其才及乎此其言又已及乎此矣而吾黨復
以故意相輕輒見菲薄使天下謂家國之任必非儒者所可勝豈
不惜哉且夫謙讓為先者君子之致也量能而授者明王之務也
赤固曰願為小相乎自天子入清廟而稱殷禮選于士曰孰可
大宗伯開明堂而朝群后稽于衆曰孰可大行人非赤也無與歸
矣此尤足以明氣質之思而信吾黨之言此赤之等諸受爵不讓
者也二子如此由可知矣要乎三子[illegible]一參而進之以
春風沂水之觀其所就豈獨曾點哉[illegible]點皆在所哂此

則點之未可與權而予于此式亦所以微示之也已
赤也二句于前文為掩脚然非總發前文則末二句另發之意
不顯四顧躊躇忽然有得一筆迅掃將去連末二句亦不復有
另發之痕劍俠飛仙有此伎倆　謝翔
此題各豎一義或云中明兩由或云因以進點紛紛聽該總落
邊際此靠定註中許之之詞獨取中鋒渾渾着筆行墨之先別
有意到神行之妙真文中之龍　束聚五

惟求則

則點之未可與權而予于此或亦所以微示之也已
赤也二句于前文為掩脚然非總發前文則末二句另發之意
不顯四顧躊躇忽然有得一筆迅掃將去連末二句亦不復有
另發之痕劍俠飛仙有此伎倆 淵翔
此題各監一義或云中明所由或云因以進點紛紛臆說總落
邊際此靠定註中許之之詞獨取中鋒渾渾着筆行墨之先別
有意到神行之妙真文中之龍 東聚五

惟求則

唯求則非邦也與　二節

知讓之不以非邦○則知不讓之不以乎矣夫○昔非以方六七○緫

如五六十爲非邦○宗廟會同爲小相非諸侯也○而問以此答亦

此○蓋甚哉聖門問答之未可以意測也○夫質一疑而必挾所疑○以

證○嘗而瀆者也○通一解而別舉所解以發詞而費者也○善問者不（清）

疑○其所疑轉疑其所不必疑○善答者不解其所解姑解其所不必（精清○新）

解○而解已進矣而疑已破矣是可於點與子論求赤兩賢得之○維（先○爲○喝○破○下○句）

時點聆哂由之訓未詳不讓之因疑由耳豈疑求赤哉疑由之[illegible]（乃○而○解○）

讓在爲邦耳豈疑求亦之讓在非邦哉顧疑由何以不復問由于

下有尊言之而晦者。例言之而始彰。一堂考業。取證匪遙。則借彼形。此會心人得一間焉。夫是以不復問由也。而問求。問赤。疑由爲（層。層。）邦何以不明問由爲邦。天下又有正觀之而滯者。反觀之而立見（醒。出。筆。如。游。龍。）並坐談心。折衷安在。則以同而異索解人。又得一間焉。夫是以不明。問由爲邦也。而問求。非邦。問赤。非邦。問求赤乎。子曰是仍點之問由爲爾。問求赤非邦乎。子曰是仍點之問由爲邦焉爾。昔先（大）王建萬國以親諸侯也。大小相維。輕重有制。自公侯百里而外（落墨）（妙是本題渲染）伯子男之秩也。宗伯涖圭。行人職會盟。列几筵壇坫之間。則（同蛇足）胙佐寡君之好也。於是邦諸侯有六。

大小相今也求言之赤言之子聞之點言志則
子可知也以是知點之問求赤非問求赤也然問求赤之非邦
駁得例
真問求赤之非邦也然而點之問固明明在求赤矣則無論爲
赤問與不爲求赤問與而點自例言之子自專言之所謂叩則鳴
解得脫
觸則發也究之專言者何莫不可以例言許求赤與許由無異情
耳然而點之問求赤固明明在非邦矣則無論知其非邦而問與
知其非非邦而問與而點自觀其反子自觀其正所謂引而伸頗
而長也究之正觀者何在不足以反觀許求赤爲邦與哂由爲邦
同一機耳而求讓安在乎赤讓安在乎由不讓又安在乎豈待子

更贅。一解始有以釋點之疑哉。雖然。智者觀於子與點。已思過半矣。

正面原在言表著迹纔陳便成笨伯文從疑由意尼層剝擒離合極龍跳虎卧之奇　孫賛皇

○○○惟求則非　二節

為邦而必見哂、則才士皆非矣、夫求與赤果何嘗非邦也、非特不哂而又許之、點之疑可以已矣、且士未可以一槩論也、才各有長、而言各有物、惟聖人能達與以本然之量、而未可與權者往往有所執以相擬焉、如哂由之故、既在不讓、則是由之不讓子所哂也、而由之為國未始非予所許也、然而點知其哂也、不知其許也、則為邦若其皆慨矣、惟求則非邦也與、惟赤則非邦也與、而子獨置之何哉、今夫世不可無才、而才之有藉以自見亦久矣、今之得數十里之地而君之者有如冉求者乎、雍雍于宗廟會同之間為天

潤翔云如分求之作

論停

予備相者有如子華者乎業有二子其人自傷卑賤不得致此乎（潤翔云古節古音）居師友間明明傾寫其才及乎此其言又已及乎此矣而吾黨復（情熱）以故意相輕輒見菲薄使天下謂家國之任必非儒者所可勝豈（潤翔云浩然一歎文情閒遠）不惜哉且夫謙尊而光者君子之致也量能而授者明王之務也（精移）赤聞曰願為小相乎一旦天子入清廟而稱殷禮選于士曰孰可大宗伯開明堂而朝群后稽于衆曰孰可大行人非赤也無與歸矣然尤足以明聚貫之思而信吾黨之言此未遽等諸受爵不讓（精練）者也二子如此由可知矣（一綴兩由兩問）嗟乎三子者以其為邦之累而進之以（再繳三子之問）春風沂水之觀其所就豈獨曾點哉然必以邦也而皆在所哂此

則點之末可與權。而子于此。或亦所以微示之也已。
亦也。二句于前文為梳脚。然非總發前文。則末二句另發之意、不顧。四顧躊躇。忽然有得。一筆迅掃將去。連末二句亦不復有另發之痕。劍俠飛仙。有此使倆。淵翔
此題各豎一義。或云申明哂由。或云因以進點。紛紛臆說。總落邊際。此靠定註中許之之詞。獨取中鋒。渾渾着筆。行墨之光。別有意到神行之妙。真文中之龍。東聚五

唯求則非　二節

金壇縣尊李　王步青
考本學一名

知讓者之不必非邦也，可無疑於所哂矣。夫讓與不讓，初不係乎邦與非邦，以求赤觀之，而哂由之故何疑耶。且士各有志，苟非蕭然於世外者，鮮不揚所就以自見，而冲然不足之致，亦未如不存乎其間。今吾乎言哂由之故，所哂者不讓也，而所許者則仍在為邦也。豈顧疑夫不讓之即以為邦，將能讓之必以非邦歟？且疑所哂之即在為邦，意所不哂者之必在非邦歟？誠如是也，唯求則何以解免？蓋第求之於事功名實之際，而不復察之於語言氣象之間，宜其疑也。嗟乎，而不見夫求之所以自任者乎？先王無地而不設之邦，則亦無地而不

（題前挽頭一筆）

（絡脉清楚）

（原評堅緊有神）

（舒出落處，筆筆摹神）

不逮之治。此非可以道里較也。吾儒無在而不有經綸之責。則亦無在而不為民社之司。此不可以廣狹殊也。夫求也（原評神妙）言猶在耳矣。安見方六七十如五六十。而非邦也者。而點（原評以神行）且曰固也。吾誠不謂求之非邦也。顧所為讓者不明。則其所以哂者終未白。故其問赤也。猶之問求也。子（原評莊遒淵轉）亦曰固也。宗廟會同之（原評輕靈妙）不可謂非諸侯也。猶夫方六七十如五六十之不可謂非邦也。且（另敘末二句原評雋雅精警）點獨不思小相之說耶。今夫宗廟千乘之邦有焉。方六七十如五六十之邦亦有焉。煌煌乎大宗伯之所掌也。而赤也乃必為深抑其詞。今夫會同千乘之邦與焉。方六七十如五六十之邦亦與焉。彬彬乎大行人之所司也。而赤也特不欲過張

其說一點試思之亦也為之小孰能為之大然後知經濟之才所以自（原評：新穎妙）
期也而非所以自修潔謹之思所以自牧也而非所以自掩飾求與
亦將毋同乎斯言也夫子豈惟不哂之抑後與之也彼哂由者字以（原評：緊則遊）
邦哉聊一蓋乎八士各有志必盡舍其為邦之才而一出於遺世俗薄功（原評：迴頭與點）
名之想亦惡在其足與哉然則子之所以示點者微也
章法靈變極矣然詳略整散一皆因題為勢真有意動天機神合
自然之妙○呂晚村云兩節對與點看不對哂由看固有理會然
畢竟與點是遠强哂由是近脉曾點兩問夫子兩答俱各有節次
蓋緣夫子特謂由言之不讓而點疑是不讓為邦故以求問然矣

說求亦是為邦○不說求之能讓○故又開赤及夫子說出大小二字○則自居小相非讓○所何點○始釋然矣○可見此題之文不但併點坐題○横發議論者○未免霸氣○即兩兩對舉○亦於語脉猶有可商○惟此能出體題情○而前後近對○兩兩由遠顧與點○無不絲絲入扣○原評敘鼓兩節參差有勢○妙解脫御法○他作有將宗廟會同二句與上節總敘○却將末二句另叙者○反欠自然矣○步步繳醒兩由○極得章脉○

唯求則　王

唯求則非邦也與　二節　王步青

知讓者之不必非邦也可無疑于所哂矣夫讓與不讓初不係乎邦與非邦以求赤觀之而哂由之故何疑耶此士各有志苟非帶（全旨）然世外者鮮不援所就以自見而沖然不足之致亦未始不存乎（也和盤托出）其間今吾子言哂由之故所哂者不讓也而所許者則仍在為邦（理清題析撥入曾晳）也點顧疑夫不讓之即以為邦將能讓之必以非邦歟且疑所哂（致疑之意勢若建瓴）之即在為邦意所不哂者之必在非邦歟誠如是也唯求則何以（陡落）解免蓋第求之于事功名寔之際而不復察之于語言氣象之間宜其疑也子曰而不見夫求之所以自任者乎先王無地而不設（筆筆華神）

之邦則亦無地而不建之治此非可以道里較也吾儒無在而不
有經綸之責則亦無在而不為民社之司此不可以廣狹殊也夫
添毫　悟須相
求也言猶在耳矣安見方六七十如五六十而非邦也者而點且
精　方見點所以再問赤不點便似
曰固也吾誠不謂求之非邦也顧所為讓者不明則其所以哂者
固務筆談矣　此二語只輕置
終未白故其問赤也猶之問求也乎亦曰固也宗廟會同之不可
都極有體會
謂非諸侯也猶夫方六七十如五六十之不可謂非邦也且點獨
點情
不思小相之說耶今夫宗廟千乘之邦有焉方六七十如五六十
之邦亦有焉煌煌乎大宗伯之所掌也而赤也乃必為深抑其辭
今夫會同千乘之邦與焉方六七十如五六十之邦亦與焉彬彬

乎大行人之所司也而求也特不欲過張其說點〻忽之亦猶為之小孰能為之大〻然後知經濟之才所以自期也而非所以自修深謹之思所以自获也而非所以自揜唯求與赤將毋同乎斯言也夫子豈惟不哂之抑復與之也彼哂由者寧以邦故耶〻遷乎士各有志必盡舍其為邦之才而一出于遺世俗薄功名之想亦人參在其足與哉然則子之〻所以示點者微也

妙

綴哂由

綴與點

敘次兩節參差有勢妙鮮脫卸法乃自筆〻神來　吳荆山

每點綴一二語題神活現文情如空山落葉翛然自遠　儲六雅

近對哂由遠頂與點〻函〻圓映至其章法之靈妙乃真意動天

隨神合自然者也。高虎文

高下隨題而消息。卻通題外。真覺淡無一筆。味有百端。志林

唯求則非 二節　王步青

知讓者之不必非邦也可無疑於所哂矣夫讓與不讓初不係乎邦與非邦以求赤觀之而哂由之故何疑耶且士各有志苟非蕭然於世外者鮮不援所能以自見而冲然不足之致亦未始不存乎其間今吾子言哂由之故所哂者不讓也而所許者則仍存為邦也點頗疑夫不讓之即以為邦將能讓之必以非邦歟且疑所哂之即在為邦意所不哂者也必在非邦歟誠如是也唯求則何以解免蓋華求之於事功名寔之際而不復察之於語言氣象之間宜其疑也子曰而不見夫求之所以自任者乎先王無地而不

已和盤托出

暴起致疑之意勢若建瓴

筆之摹神

設之邦則亦無地而不建之治此非可以道里較也吾儒無在而
不有經綸之責則亦無在而不為民社之司此不可以廣狹殊也
夫求也言猶在耳矣安見方六七十如五六十而非邦也者而默
且曰固也吾誠不謂求之非邦也顧所為讓者不明則其所以哂
者終未白故其問赤也猶之問求也子亦曰固也宗廟會同之不
可謂非諸侯也猶夫方六七十如五六十之不可謂非邦也且默
獨不思小相之說耶今夫宗廟千乘之邦有焉方六七十如五六
十之邦亦有焉煌煌乎大宗伯之所掌也而赤也乃必為深抑其
辭今夫會同千乘之邦與焉方六七十如五六十之邦亦與焉彬

彬乎大行人之所同也而赤也特不欲過張其詞焉誠思之赤也爲之小孰能爲之大然後知經濟之才所以自期也而非所以自後深謹之思所以自牧也而非所以自掩唯求與赤將毋同乎斯言也夫子豈惟不哂之抑復與之也彼哂由者寧以邦故耶嗟乎士各有志必盡舍其爲邦之才而一出於遺世俗薄功名之想亦惡在其足與（與與點）哉然則子之所以示點者微也

叙次兩節參差有勢妙解脫卸法乃自筆筆神來　吳荊山

每點綴一二語題神活現文情如空山落葉倏然自遠　儲六雅

近對哂由遠領與點面面圓映至其章法之靈妙乃真意動天

王漢階時文

○隨神合自然者也○ 高虎文

高下隨題○而消息卻遍題外○真覺淡無一筆○味有百端○ 翁林

唯求

唯求則非邦也與　二節　方蘂如

讓不必以非邦二賢之言可覆也夫哂不及於求赤而所言同哂
諸侯事也然則讓者何居焉嘗觀學者之質疑也明有所疑在（題妙盡出）
乎此顧不即質之此而疊舉與人異語以相參而聚人之解惑也
明知所惑不在此顧偏即解之此而反舉其人其語以相詰如
由之以不讓故哂也哂其言也而點以為哂其言為國也則退讓（拱敗得眼）
以明禮者計必非邦而後可然而總由而言有求矣總求而言有（先提明便可放落）
赤矣求之言曰方六七十如五六十求言之求一不謂非邦也點聞（問答甚妙無□曰之）
之點亦不謂求之言之非邦也然而夫子不哂也請問之唯求則

（不添出　汙濺之地）

非邦也與問求之非邦猶之乎問六七十五六十之非邦云爾猶之乎問六七十五六十之曷不哂云爾夫子於此若為不知其意者而第就求之言反詰之安見方六七十如五六十而非邦也者

（點妙盡出）

赤之言曰宗廟會同願為小相赤言之赤不謂非邦也點聞之點亦不謂赤之言之非邦也然而夫子不哂也試思之唯赤則非邦

（不添同字部添類毫）

也與問赤之非邦猶之乎問宗廟會同為小相之非邦云爾猶之乎問宗廟會同為小相之曷不哂云爾夫子於此又若為不知其意者而轉就赤之言再詰之宗廟會同非諸侯而何赤也為之小孰能為之大蓋至是而不哂求之故明矣大讓如慢小讓如偽

也有焉如求者可以為邦矣蓋至是而不哂赤之故明亦大夫也（照註許之詞）
為卿士讓為大夫赤也有焉如赤者可以為邦矣不哂求赤之故（虛點為赤雖題眼）
明而哂由之故亦明彼亦一一為邦此亦一為邦非以其小而參也（此或與點）
去其率爾之見而可矣哂由之故明而與點之故益明可以不為（真歸非時文有待無待之說也）
邦亦政可以為邦非以其蘭而徼也去其與予之見而可矣

此題但當如此夫五六七十宗廟會同之為邦諸侯久矣癡寫問答便似聖賢大愚不靈且思當日往復推意云何乃作舟人
刻痕之記　自記
但將問答語勢深體味之可見留侯云今者項莊拔劍起舞其

集虛齋　論語

意常在沛公也。會得時。便如長烟一空。皓月千里。王丹注

唯求則

續案

唯求則非邦　二節　李紱

國非不可為微問答而已辭也夫為國而遂見哂則求亦非乎點微

問之予微答之而固已釋然矣且人有意中之許而忽成[illegible]人[illegible]疑（見解偶別）

則不得不旁證以求解矣乃解之而仍歸其意中然後怡然相對

為予不異人意吾固謂其如此也如點者豈獨非志于為國哉彼固

謂出處非殊途也不妨借山林之致以寫朝廟之景光行藏無二理

也自可即日用之常以道經綸之事業其于三子之志自亦心許之

矣忽聞見哂之端由于為國將毋由之志乖而邦不可為乎且夫子

之所以許己者毋乃謂點直以出人之歲月老哉雖然獨何以異于

點意中如此若也是不屑取此彼猶古人彼

求與赤千乘固邦也安見方六七十如五六十而非邦也者千乘固諸侯也宗廟會同非諸侯而何而曰邦不可為也若求也非乎若赤也非乎夫子曰固也其為邦也誰謂求非邦也與安見其非與誰謂赤非邦也與又孰能大于諸侯與然後知夫子固許為邦者與點意中無異也向者之哂特哂其言不讓也天下豈不可為者經濟之寔三子之見雖滯也而其事則不得以相輕天下最不可開者虛浮

一篇主意

風點之志雖高也而其行亦不容以不推出處非殊途行藏無二理子之許求赤即其許點者也子之許點即點所自許者也則雖為點

吾亦不測其神怪而老此若此乃此昔化之所為

進一解焉曰唯點則非邦也與安見沂水舞雩而非邦也然浴之

歸非潛矣而何吾知點且喟然而歎必不復曰異乎三子之撰也
曾點原非不隱一流特所見者大不欲衡定後日所至故自以為
異其實三子言仕點亦未嘗言隱也不然夫子所問者在用行而
所與反在舍藏不自相矛盾乎後擬節問答點蓋以由言為國而
見哂遂併疑夫子之許已者或僅在獨善而已故問三子以自証
及夫子一一許之而後釋然也題為俗眼磨滅已久作者始極力
洗刷其行文變化幾于牛鬼蛇神不足為其虛荒幻誕而理實精
察此題詢不容有二　滌昆源

唯求則非　節　　李

知足民者之爲邦則知所哂者之非任爲國也夫求之志由之國乎然亦安見其非邦也哂由之故可以思矣且然之也三子之志同者也乃其志同而子行之若異故疑其所待之者政不得不疑其所志之有異也迨至聖人言之而又若無異[illegible]强弱有異者而爲國無異耳夫旣無異乎其爲國也而于終若異者何耶此然不能無疑于子之于由也及聞子言而愈不能[illegible]于之于由也歟則疑夫由爲國而求未始非爲國耳嘗攷之天[illegible]建而樹列辟也大國千乘的子男以差降焉纘壤相錯者[illegible]

載在周官太史職之又其時以禮相見而不以兵戎揖讓接
誰謂國非千乘即邦非邦者或謂春秋之時惟千乘者可以
耳他如邾子無歸杞侯大去以及陳蔡不競六七十五六十者
捲而新入千乘之國矣大國多數圻則尋弱者邦非其邦也由也
然志在千乘得毋強兵以遠不甚端于大聖人之心乎而點之[illegible]
亦不在乎此也則以不得乎所以哂由者而凡不同乎由者可
觀也不得乎所以哂由者而凡不同乎由而實同乎由者可
也不然點豈不知六七十之采始非邦五六十之未始非邦
待子之言則疑在求疑政不在求也疑在求之非邦也

非邦也子亦微窺點意而第即求論求馬求之意蓋有見

周之初馬海内之地亦有限耳虞畫八州千乘馬則黃寓

宴能一一而封之且人之各負其才也優于勝小者絀于

以一統者律之則人之稱其才者幾何是國之不能無六七十

十也亦勢在則然也故鄭莫爾邑也而繁而大矣許彈丸地也

日月近玩　妙有製據而古ミ跳致

世子矣滕蔡至微弱也而長外侯而列兄弟矣獻然各存其國各

其氏也如曰非然是奏王命于草莽也是執玉而封者不

國也亦安見其然也抑有貝于當時立國之難爲擺宗之

許使兎戕皆千乘馬則御蕬毛鄉之祭豈能一一而益之

墨莊元真稿

檀其長也乃足樂變者經千處常使必以銀誰者試之

長者幾何是邾雖止于六七十五六十也亦時可有為也也

雖也而終屬叢邑矣曲沃大縣也而終列大夫食邑魏世諸

號祭田矣以其非受土于王朝分疆于太史也如同非盟是列侯

不敵强家也是列在同盟者盡夾于九縣也亦安見其然也哉

之未始非邾也明甚求為列則由不得為國也明甚衆同

國則兩之非閑于為國也明甚黙何猶以赤為詢也

引証典晰姿趣横生此殫代逸才也閲者不得但以驅

勝

唯求則

唯求則非　兩節　　吳爾堯

聖人終無所異于二賢、而二賢之品定矣、夫一曰非邦、再曰非邦、點之意、欲別求赤于由乎、抑欲并求赤于由也、夫于止以為邦許之、其有相喻于言外者與、且聖人之教人也、或抑之或揚之、揚一人而凡不類焉者視此矣、抑一人而凡不類而類焉者視此矣、然則言之所不及者、可因言之所及而推之也、乃或言之所及、而更欲借言之所不及者以推之、則聖人亦終以不言言之而已、如由之見哂于夫子、何也、曰不讓也、然則其不見哂于夫子者、皆能讓者也、皆能讓者皆知禮者也、皆知禮者皆見與于夫子者也、其不見與于夫子者皆非

呂云對點看

呂云接滑問

答之人微旨

呂云一氣翻折將書旨胸中疑團

一呂云從旁繞進之內外冰消雪化

知禮者亦皆非知禮者宜皆不讓者也皆不讓者宜皆見哂于夫子
（呂云此語引意儘然）
者也點于是不能不惑于求也夫求之為求果且有異于由乎哉果
且無異于由乎哉謂求無異于由何以處夫由謂求有異于由何以
（呂云点睛處）
處夫求夫異與不異試不係乎邦而點姑以邦問焉曰唯求則非邦
也歟子曰唯求固為邦之才也先王分土唯三而求則辟其大者居
（點睛處）
其小者要之其大其小不必辨也亦大小于邦之中而非大小于邦
（語脈）（呂云如此在虛語氣究然含蓄）
之外也而如謂其非邦則安見方六七十如五六十而非邦也者點
又不能不惑于赤也夫赤之為赤果且有異于由乎哉果且無異于
由乎哉謂赤無異于由何以處夫由謂赤有異于由何以處夫赤夫

異與不異總無係于邦而點又姑以邦問焉曰唯云　邦也歟子
曰唯赤固為邦之才也先王列爵唯五而赤更若辭其大者搭其小
者要之其大其小不容誣也求之邦以外不可為大求之邦以內不
可為非大也而如曰非邦則宗廟會同非諸侯而何赤也為之小孰
呂云三意闡發分明
能為之大于是知求赤之為邦皆夫子所不貶也庶事皆切于吾身
呂云此等言為必意
為學必求夫實用循其器而命之則性分之殊莫不有共信之事焉
彼求之足民赤之相禮務乎近不馳乎高誰才有不齊其足以為國
則一耳然則知夫子之許求赤也不可以知夫子之于由也哉于是
知求赤之為邦皆夫子所僅許也高下歆殊而禮制泥行合化而樂

今文得 真集八十四 下論 唯求則 吳爾堯

〇呂〇云〇此〇是〇言〇外〇𢀖〇〇〇〇〇〇〇〇〇〇〇〇〇〇

與得此意存之則事為之末莫不有自然之理焉若求之謙退亦

之類學形而下末咸而上雖言有不同其不違乎祀則均針於則知

〇〇〇〇〇〇〇〇也〇呂〇云〇此〇意〇人〇所〇不〇能〇〇〇〇〇〇〇〇〇〇〇〇〇〇

夫子之兩由也不可以知夫子之與點也哉然而夫子不言也非不

呂〇云〇讀〇身〇點〇情〇知〇〇〇〇

言也已盡之于祀讓之言矣

此兩節問意答意皆在言外故裁雖能會所謂在言外者點已自

印證非猶赤三子也但解得兩由不解得與點仍止得言内然則

言外矣自收不惜盡情道破兩重公案豁釋氷消 呂晚村

兩由與點自是兩意嘗點疑到一意上去下半兩問作兩証內之

前以無處什之三證已之所以此處什之七分半 [illegible]

之所以兩意之然答清條理在今日亦完今之 [illegible]

唯求則非　二節　　何深

聖人許兩賢之爲邦、而哂之々故明矣、夫使兩賢之志不在爲邦、兩賓在兩也、子曰豈其非邦、邦則哂由者、豈其在邦乎、且學莫々于實用、治不外于富教、此子之所以教及門也、而及門諸賢式各得其所、肯能取效于世、自信于平日、撲于用行之志、豈不心喜許之、而善學者不妨旁參以互証、即此以悟彼、有以得其志之所存、而後聖人之意始明、如由之見哂、但曰不讓而已、初未嘗言其不戒者、可在也讓也者、有而不居之謂也、富國強兵、由之坐而言者、可以起而行、而特以師友之間、乃欲勝任而愉快也、是其不讓者在邦々讓也、有謙々

愈下之辭也足民礼樂求赤之遜于言者未嘗不任于心而何以詞

之既畢子竟默然也又豈二子之非邦者乎一點故因点以疑乎求子（兩非邦句總點）

曰何疑乎求之非邦乎在昔先王于男之爵位次公侯之封即至于

今會盟征伐並預齊晉之列小國不可以為太邦國不可以為非邦

也璧又因求以及乎赤子曰何疑乎赤之非諸侯乎今萬国之黄總

與于助祭者誰為外国之卿士會萬方之玉帛得為上相者誰非一

奇之尊爵赤不敢自居其大人亦不能以赤而為小也而吾知子之

不陋求赤者不在非邦也夫定王經世之略于文縣以待乎二三子

苟其[illegible]所優為因素心之所樂彼夫其王佐之才者辟门花之光榮

百王之法戒尚懸舉以相許豈區區足民贊相材堪經國多[illegible]

赤客也是子之所不屑求赤者固其所以與求赤者也亦是乎[illegible]

孟禘

所為不讓又不在邦也夫行黃救時之思于既殷以煌乎二三

其見諸施行効雖小而必善彼夫牢武城之地者絃歌偉聞于一[illegible]

愛人未徧于邦哉且動色而用賞況爍爍大國[illegible][illegible]受人者等可為[illegible]

由許也是子之所以哂由者不在乎邦而所以與由者人未始不許

原旁出清新

邦也是則點之微詞相叩依然春風沂水之情觀點之[illegible][illegible]卽可得

哂由之故于言外予之縱言相許仍然與點之意知點之達禮并可

一反對更覺[illegible]淋[illegible]然

得進由之意于哂中當日者使點亦出而不問人且疑大邦之任[illegible]

丙戌科大題文選

由所能而其與點者亦就為願而鮮矣

繫從不讓落脈到底只究得哂由之故題解最真是妙在領淵于

撒二証匪夷所思得此便添出多少波瀾姿態後於管詞亦歸

合本旨意外巧妙真教之不盡也

惟求則　何

唯求則非邦　兩節　周日藻

聖人兩許為邦而禮意可微會矣蓋求赤之為邦章如是則讓不讓之故不係于邦與非邦也點不可微會乎且夫才士急功之途學人思展布之地豈必却而不居或抑以自隘哉乃一堂之上微有不滿之處初非以累其經國之猷而或從旁擬議舉從容而商經略者類疑觀面而失之抑又何也求赤所志大要不異于由當問答時點也心識之矣自子哂由以不讓而點竊疑不讓攸啟以為不在為國邪不可也以為果在為國邪不可也其故不在為國何以解于由

○析○如○水○分○犀○　○原○許○犀○決○清○

其故果在為國而由之外何以解于求唯求則非邦也與試微問焉

而知邦不必千乘也六七十五六十如可見也其故不在為國有以解于求而無解于由其故仍在為國無以解于求而因無以解于赤唯赤則非邦也與又微問焉而知邦更不必言六七十五六十也為宗廟為會同非真小也夫以吾黨之多才也或綜農桑或閒俎豆修而獻之廷久為邦國之器矣特以他人之勇於自剛或疑同志之畢以自款似乎二子微有歉焉今而夫子既不歉二子以非邦黜于赤亦可釋然也以所性之各成也或擅才能或嫻應對學而得之不獨折衝有人矣特以一人之微有不釋因質諸賢之何以異情要于為邦非有憾也今而夫子既不憾二子之非邦黜於求[illegible]然乎

於由可釋然也所未明言者不讓耳然以求証由以求亦嘗証由

也為政一得原評頗宕穠精

文章政事皆吾人之經綸得邦而效之不必謝也所以三年期月何

原評精深曉暢與三子所以守中然意味深長

嘗不期于自用但不欲存一念我其誰之見則可進由于宗之華國之上而觀其優游措置之能矣且以求亦証由以由兼証求亦知赤業才猷皆可通於性命得邦而推之尤不容辭也所以行時服冕何

更上一層所謂宕逸便是此策之參考

嘗不望于吾徒但使盡化其躍然欲試之思并可進三子于用行舍藏之會而徵其淡漠寧靜之天矣不然六七十五六十可見也宗廟同非小也何以不見哂于子也

無一語鋪排題面只從虛處曲曲摹寫可謂得題之真神 原評

語

想之時文。清文敏手而〻玲瓏。正如水晶簾中映秋月也。張傳之造九層之臺層層上一層一縷心思入黃泉而出蒼天真覺無所窮際矣。吳方來

唯求則

唯求則非邦　二節　袁鯤化

許而賢之為邦而哂之，故明矣。蓋求亦同一為邦而不見能讓者自在也。然則由之見哂，豈以為邦哉。且儒者抱有用之才，思欲出而應世，夫有會為邦之外而更求所為經濟者，蓋樂天（收章意，提出為邦意，為提要後□□□）（原評：許中肯）雖為聖人之所與，而用世亦非聖人之所輕。第以經手之業一出（原評）以謙遜之辭，聖人未嘗不心焉許之，而初不得謂其所志者卑也。（主意）由之見哂，夫子第哂其言也，非以其為邦也。第以其言之不讓，非（先敘正旨○原）以其為邦之不讓也，而點固未之許也。（許：清快）疑見哂者有為邦，則凡有（提明側意）志為邦者應同在所哂之中；疑不讓者在為邦，則凡有志為邦者

即同在不讓之列而于是乎問求且問赤其問求非疑求也疑赤也
原許筆法簡峭
由也不然點豈不知六七十之儀然邦乎五六十之亦儀然邦乎
原許寬處不着呆論點逗題竅斷趣分明
其謂赤亦非疑赤也仍疑在由也不然點豈不知宗廟會同之為
諸侯乎亦知其所以相諸侯乎夫以由之修談千乘而求則降為
六七十五六十其實小相然自下矣而哂之不及求皆可知也而
清言卸以圓勁入妙
哂之獨在由者亦可知也以由之率爾自陳而赤僅居於相更居
原許後六字之案着出色故點與率爾針對
於小相其言曰願學焉而哂之又乃亦着可知也而哂之屬
精異總錄小二比才勢便豪得任丹為法
在由者蓋可知也蓋猷堪小識而抒布悉鎮以從容則其量
妙
廉而能濟一材果素優而意氣不形為濟露則其談亦即大而
收任講中總警意

以是知由之才非無當於聖心者定傾扶危可以坐言即可

○原○平○汝○恰○合○旨○不○滞○句○中○書○理○一○徹○

行其與求亦之足民贊相無少異焉安在子與求赤者不可

由也詎得因一時之微哂而遂疑豨率者即未足與共勲名以

知點之志則有合于聖心者春風沂水可以含藏亦可以用世

○原○評○選○乃○周○道○

與三子之兵農禮樂豈有待焉安在子之與點者不然可以與三

子也又豈得因喟然之嘆而遂謂匡居者樂無足與籌遠暮無則

子之哂由者非哂其為邦也子之與點者亦非與其非邦也吾求

○總○評○

知點于此時其亦默喻毋意焉否也

一問一答神情都在句言之外領會大意出以空明飛動之筆

點睛添毫。斷為妙伎。原評

大無他奇。只是領得脉清。勘得理透。遂為是題不刊之作。向来

有待無待。進狂之以窠學諸儒。解得此一廓清之。排陷之烈也。

于武事矣。澗川

唯求則非 二節

荊孝錫

知以賢未始非邦而禮意明矣義讓不讓初不係乎邦與非邦也求亦之皆為邦若是而何疑于求求乎而何疑于由乎吾觀學問之地其最不容矜者用世之才也而亦無容諱者欲唯此用世之才夫才之所有餘聖人豈若斯之以不足苟其浮情勝氣不致以病吾才則聖人固樂得其志而與為商搉或者不察乃致疑用世之足以滋虞也亦大非聖人之旨矣說在魯點言志之後因由而詢求赤也夫求赤所志大要不異于由而是時也則哂而求赤不置一詞及夫子言乎哂由之故滿在不讓而所為不讓之故尚未明言點于是思之矣思其故不在為國耶夫今日之言於衛言安據者固嘗欲以千乘自

雖則或者功名之有傷于道德也一思其故果在為國耶夫今日之志
農桑志禮樂者豈其不以親邦自效則何以合志之若有異情也故
于求于赤而一則曰非邦再則曰非邦二若不疑由而轉疑求赤者
一若明乎南之見哂轉難解于求赤之不哂者焉呼是其所見蓋在
邦矣即其所欽辭亦為在邦與非邦矣夫子所以不言求而弟與之
言方六七十如五六十之未始非邦也夫子所以即言赤而亦唯使
之知宗廟會同之未始非諸侯也此可知才之足用者聖人非不樂
與之也而特不欲與夫恃己之才故或見夫慷慨者之無異當也未
免於才也而不能也為邦從政固當講論乎匡扂有如宏才而全之
以雅見則夫思用其邦若求赤也者以親邦[illegible]

夫鞠躬彬雅者之未或有試也。豈知志之原大者。聖人亦不掌〔闕〕
之也。而特不欲期夫躁進之志。故或見夫躍而欲試者之多。未滿〔闕〕
莫如抑志也。而不然也。三年期月。亦用自形乎窮歟。有如高志而〔闕〕
之以遜心。則夫求亦而得用其邦也者。邦之主。宰邦之禮樂。則吾豈〔闕〕
快夫鞠躬彬雅者之不負所知。此熟奈何以求邦疑求亦邪。識知求
亦之未始非邦。則邦固不足累求。求亦無為固窮足以累由乎不讓之
哉。夫亦可悠然矣。

題之來路同節。俱為由發論。勢果觀求亦然。千重矣。篇中語語
繞上發明。使曉由之意。不讓之故。書下曾點。又復含蓄可味。泉
只辨求亦之未始非邦。便見夫子所以哂由者。其意在不讓。

己未房書文徵　下論　唯求則

己未房書文徵　下論　惟求則[illegible]

剔擘燈清光四射○近文獨爲題句[illegible]

[illegible]

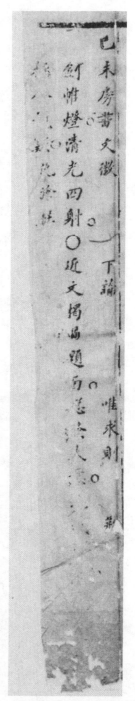

唯求則非邦　之大　荆琢

知兩賢之為邦而與不與之意皆明矣夫求亦之為邦然豈不知之者乃微問之而子亦姑緩答之然則所哂所與意豈係乎也哉（註出〇〇）昔諸賢辨志聖人之意畧可窺已乃其間詞氣相類而聖人似置之不論不議者獨求亦耳（第辨論之端）雖然不致辨乎此則當日之或與或否而畧示其意者或亦未即曉然也維時點問由而子告以由之不讓是則哂由之故子明言之（筆此句冷妙）其義不係乎邦也不係乎邦也者不獨由之意（直入微語）邦也唯點則非邦而已唯求唯赤曷異乎而如未悟也則哂之之故終不明且君子之辨論自証而已不知吾友之果同乎友耶[illegible]乎（文境空明且井）

（卷求審）耶抑異而同耶同而異耶使為邦不讓而不哂者非邦矣謂為邦哂而與者止以非邦矣如是則與之之故終不明茲點之所由更端（夫子語笑棟入點意中）以起也以為方六七十如五六十此求之言也而安見其非邦也也（虛之）因徵及之而子之答第如其意中而已或與或否不深言也然因是（虛之）（問語此處縈繞）為邦之說唯求則亦有然者矣宗廟會同顧為小相此赤之言也何莫非諸侯抑孰是其能為大者因徵及之而子之答亦如其意而已或與或否不深言也然由是知為邦之說唯赤則亦有[illegible]者矣唯求亦然唯赤亦然則不獨由之為邦也是子之意果不係乎邦也（重）則哂之之故可明也唯求然唯赤然則由之所同也唯求[illegible]唯亦然

而有不盡然則雨之所異也異而同者在此同而異者有則異矣
三子者別有在也而又奚問乎為邦耶非邦耶則與之々故可明也
維時點亦悠然悟而三子聞之因善問者而有以相長也
蕭疎取徑隱約取神筆意擬不猶人 王遒一
題神以淡筆傳之有十洲三島若有若無之致 儲六
有神脉可尋無蹤影可攜而腕力仍自遒崝此惟深於文者知之
蕺田有
證由證點而連公案俱在句字之外玆篇獨領其妙 汪右衡

唯求則非邦　二節　　曹友夏

邦不必為兩賢諱也可以觀讓意焉蓋點疑由之不讓（竟婉而筆透）
進以求赤致辨而豈知求赤則均是邦也且夫人言志於師、
前即或厚自期許而及其受人家國之重有仍然審而後官者（緊照讓字）
後入焉以視夫言大而夸者相去何如也夫為國者為邦之說也（并照不讓）
予之哂由哂其為邦點進而疑曰為邦殆不如其非邦也求也（出非字作[illegible]）
其非是與予曰爾未聞乎夫求則亦既言之矣自古地大而龍者（舒伸）
其國可危民寡而厚者其治可俟安得謂提封千乘之為邦而不辭（對針[illegible]）
守一隅之非邦求之言邦猶吾由也方六七十如五六十適將（[illegible]讓）

字字警妙。吳肖山先編。

附其庸此亦求之謙衷爾已而邦顧分廣狹乎夫國家當形勢之

許用變句、是讓卻不說明半截深藏猶見蒼涼。

充之會所恃有借箸持籌者凝神定慮潛滋其樽節愛養之休不

沈與之、

然苟拮据彈丸鮮有不生事而擾民者求之言如此吾乎其處分貧

古樸似西漢風味。神轉首句。是安見也者神。

國而不驚即處富國而不驕矣唯求而非邦也曾謂如是而猶非

氣。荊山云言下分寸。

先王之胙土也豈理也哉然人進而疑曰為邦果不知其非邦也

赤也其非是與子曰爾未聞乎夫赤則亦既言之矣自古四郊多

壘者卿大夫之恥百年後興者士君子之修安得謂兵戈倥偬

為邦而禮樂輝煌之非邦赤之言邦猶吾由也宗廟讌[illegible]會[illegible]者

禮讓尊而從其後此亦赤之遜心爾已而相曾有大小之夫[illegible]賓

當制度闕如之日所藉有秩宗典禮者夙夜寅清默運以和乎兩
雅之度不然苟鏗鏘失措容或有召侮而興戎者赤之言如此乎
與之云皆為國以禮之象也
知其相玉帛而有令儀即鳴劍珮而無愆色矣唯赤而非邦以將
是而何非邦之氣
必如何而後為先王之分茅也抑惑也哉夫然而哂由之意歟[illegible]

三子之意俱明矣

照定註中許之：鋪婉轉嘉尚不必申明哂由復加一番搶白

至云因以進點則愈苦蛇足矣取徑遙深言外涵意其味炙而
彌出真雅人也

唯求則非　二節　張江

必高其志于非邦聖心又不若是想矣蓋求亦為邦然何待予

者意正欲得其非邦耶然豈夫子之心哉今天下無邦之士

君子當蕭然無與之日楓慷慨而發深情生民之不絕豈不猶有

此哉論者將大道之懷不容纖胃要使生平行如其言此亦有難

自己者則為邦之志未始非用我之思也何哉點頗以西周為國

動哀樂

之言而遂疑求且並疑赤哉蓋點狂者也其視三子之志在為邦

真若不足與者天下本一家何介介然而姿生此疆爾界以迹于

且細參

方六七十又曰如五六十也日用皆天則何營營然而必假於

張百川時文　翁譽

具文之靈不期之于宗廟則期之于會同也非邦一問意固異
異會言匠心來
乎而獨惜其任而不知所裁耳今夫民物尊親之係自低徊于杳
心之夢寐而不能去懷而邦與國朝廟之間徙處貴于將事之先聞
妙
化義爲文
而未由藉手為問豈當此時盡疆而理者皆邦也而誰如求所稱
亦也二句亦不畧
大宗伯大行人相與亟從事于諸侯者亦莫非邦也而誰如赤乎
妙
若曰安得求也而果有邦哉如其言而怨咨可以不生天癘可以
襲求民說
不作此訊非必步明吏之待吾命者亦曲盡夫生成之[illegible]已又
襲求乳供說
癸得赤也而果有邦哉如其言而歆亦足以燕齊和亦足以息
逸妙指點
此孰非黃農虞夏之入吾懷者亦係理夫氣象之正　高人

顧聖之處自定者藏之而皆有其可據使人々各々邦也

與二三子處即是與點處　所欲示竟却是樂堯舜之

天地萬物不究其當前々規模何定焉自精神有所不至耳夫

夏之世之心　樂天之心識而後道行不

世繫戀之私自公者觀之仍各得其大意必人々共曉謝邦以

妙上要知實然且聖人的非便可見

見天地萬物何若是膠固乎懷抱寧疑焉自感觸有及有不及耳

了一童章子

不然者東周而勝々矣期月三年之明效而歷々告人矣如有用

德出正宗

我者供予則非邦也欲與求赤也即與由也而與點之歟又從此

可微會云

然異攢捌別一洞天○直從夫子想東周處用倒說下意覺點與三子俱跳不出這箇蓋此二節原是曾皙為自己印證之

張百川時文　論語　唯求則

張百川時文　論語　唯求則

息非好管閒帳也朵說西由己篇歸坐說又糾纏不棄耶〻〻
如雲衢巨來二作俱應讓此出一頭地　楊取虛先生
一問一答具有抑揚頓挫本句演說總不見拖泥帶水矣惟解
悟人乃得句中圓相句外括相○集註于此三節皆下一許字
細思所許在何處聖人之許三子更是何心不從此參透不可
與讀此文　羅勗公
高曠之文平實之理語〻是題面所無不知正是題意所有〻〻
從賞其得間求新不惟埋沒佳文并負却一聖一賢兩番問
矣如此種人并不許其讀四子書　羅攸功

唯求則非邦　二節

福建徐學使月課閩縣學一名　陳文選

兩賢所以不見哂狂者究未喻也夫以由側求赤點意子之哂由在邦耳千乘隨其問而答之所以不見哂之故點亦終於不協乎今夫人特患無可以自見耳苟有所見所足取也必曰舍聖人所取之外舉無足取焉則人雖各有所見亦將以其無取而並識之矣苟思夫聖人之取之者之何意也聖人之識之者又何意也則雖未見取於聖人而亦可以無識者蓋可曉然其故矣惜乎點之未足以解此也點而嗣此則知子之哂由者非以其為邦凡屬志在為邦者舉可以無疑矣惟其不然是以不能釋然於求也疑由之哂者以國因疑求

之所任者亦邦雖然如以邦而哂也惟求則非邦也與如以邦而言點綴飛動也亦安見夫方六七十如五六十而非邦也者縱求所任較由而差小然其志則皆主於為邦者但點微問之予亦未明言之其所以見哂不見哂之故祇可於意言之下悟之耳一惜乎點猶未足以解此也點而解此則知求之為邦者亦猶夫由凡爲為邦而無譏者蓋可以無疑矣惟其不然是以仍不能釋然於赤也疑求之邦而不同由之哂亦未赤之不哂而所任者非邦雖然如以哂之仍在邦也惟赤則非邦也與雖以赤所任非諸侯之邦也試問夫宗廟會同非諸侯而靈貫裁對侍坐何彼赤之言雖自居於小亦孰有能為其大者乃點復微問之予究

未明言之其所爲見所不見所之故亦何能識其所以然也哉此

之終於狂也

觀六只究所由一桊耳須于言外領取始得淨向方六七十等句

鋪排點綴皆鈍漢也作者真是解人

唯赤則 謙

唯求則非　二節

福建[illegible]道臺觀風南安學一名陳

知而賢之為邦可無疑見哂之故矣夫求赤皆為邦而不其異於由之不讓耳而何疑其非邦乎昔聖門言志強國也宜華國也自點而外總之皆有志於為邦者豈急遽言之不見其而謙遜出之遂形其不足乎知此夫亦可曉然於夫子之許求邦哂由在不讓予已明言之而點終未釋然者則以求赤之未嘗非為邦也殊不知先王建邦有公侯以崇殊勳即有伯子男以顯異在杞鄭曹邾非河山帶礪之舊封先王設邦有爵秩以定其分即祭祀朝覲以通其情安在叅會盟會非桓信蒲穀之常典

妙悟

講二節意

點二節字

六十求也志之而何必非邦若宗廟若會同亦也實[illegible]

邦點也斯亦可不問而知之矣而何以因由而疑及求且因求

撈上文大意一齊收緣

及赤也乎逈關小大之言然後知向之哂由者非以其為邦也

之與點者亦非以其不為邦也因以求之言例由之言果孰謙而[illegible]

俢乎更以赤之言例由之言果孰遜而孰夸乎益哂由之故在[illegible]

點到此時亦由了然

而不在其志也夫子雖哂由而亦與由也夫子雖與點而亦未[illegible]

遙脉　近脉

與求亦也而何疑於由哉而何疑於求亦哉

思深力厚迥異凡蹊詩賦充精到　原評

先還題面後寫題意一片神行筆有化工

唯求則非 二節

福建分道臺觀風南安學一名 陳[illegible]

知而賢之為邦可無疑見哂之故矣夫求赤皆為邦而不其異於由之不讓耳而何疑其非邦乎昔聖門言志強國也宜華國也自點而外總之皆有志於為邦者豈急遽言之不見其而謙遜出之遂形其不足乎知此夫亦可曉然於夫子之許求哂由在不讓了已明言之而點終未釋然者則以求赤之未嘗非為邦也殊不知先王建邦有公侯以崇殊勳即有伯子男以顯異在杞鄭曹邾非河山帶礪之舊封先王設邦有爵秩以定其分即祭祀朝覲以通其情安在希嘗盟會非桓信蒲穀之常典乎

（妙悟）（講二節意）

近科考卷邊路

點二節字

六十求也志之而何必非邦若宗廟若會同赤也實

邦點也斯亦可不問而知之矣而何以因由而疑及求且因求

將上文大意一齊收繳

及赤也乎迨聞小大之言然後知向之哂由者非以其為邦也

之與點者亦非以其不為邦也因以求之言例由之言果孰謙而孰

點到此時亦自了然

務乎更以赤之言例由之言果孰遜而孰夸乎益哂由之故在

而不在其志也夫子雖哂由而亦與由也夫子雖與點而亦未

遙脉　近脉

與求赤也而何疑於由哉而何疑於求赤哉

思深力厚迥異凡蹊詩賦充精到　原評

先還題面後寫題意一片神行筆有化工

唯求則非　二節　陳大章

觀二賢之為邦而其志足徵矣夫邦有大小而朝祭亦諸[illegible]

二賢志之而於為邦也奚疑焉且由求亦皆志于為邦亦顧其[illegible]

之哂由不在為邦而在率爾也何點不悟而遂疑求亦之不[illegible]

非邦又[illegible]所言為非邦耶不知以求之志言之昔先[illegible]

土以建邦也分為五等別為六服不能皆百里也而於是小之為

方六七十焉不能皆七十也而于是又小之如五六十焉雖其勢

隘偏安不足以當廣土衆民之國而要之分田制祿則各蒞臣民

礪山帶河則同為屏翰倘亦先王所為剖符而錫圭者耶論固

陳蔘石傳稿　下論

陳蓼石傳稿　下論

求之言雖小亦邦也不然天下豈必皆大者而後爲邦乎一以赤志言之昔先王建國以親侯也制爲祀典秩爲邦君有宗廟之主祀而非諸侯則莫行也有會同之來辟而非諸侯則[illegible]與也雖其願爲小相僅居乎擯將介紹之班而要之執贄趨蹌則用綏列祖歌詩贈答則徵福天朝倘亦當世所謂肅雍而顯相者耶吾固然之夫舍赤其誰也不然天下寧復有大者可居其右乎蓋亦之重權非膺土宇則躬參聘而俊士之風畧非司民社則洽神知求赤之志在爲邦則知由之言在不讓矣

（確是赤語度）

排蕩闔變骨力堅嚴有班孟堅氣息

唯求則非　二節

聖人而與爲邦而狂士之疑解乎夫求亦之爲邦哉疑於不爲與
而不讓非爲邦也知夫子之所與不啻知夫子之所哂哉且聖
必尚雍容之治而奏功初無小大之殊執其迹而求之則可疑之
不必皆可與也借其迹而通之則可與者正不必復可疑也聖人
許於意中學者補解於言外矣有如夫子之哂由而所以哂由
故未之明言也即哂其不讓而所以不讓之故亦未之明言也
疑或者曰以其爲邦也如以其爲邦也則何必解於點而言爲
者也於是而點之疑以起矣曰唯求則非邦也與夫子曰非也

何有乎我求之見也乃求亦為邦也又何以解於赤也而言為邦者也而點之疑仍未釋矣同唯亦則非邦也與夫子曰非也我不其識乎小之也今試進子男之秩而與侯伯之班為長絜短誠以不倫然而齊魯固隸封疆而許薛亦封茅大且河山帶礪而宗顓臾故太師之所職則周室不親之錫命也奈何六七十五六十而至屏之解櫝之列今試使嘉樂野合而委嘉貺於草莽夫禮儀其尊己甚將如將享必然采繁蘋飲必歆湛露固之贄柔號左右委屈從事之與春即無非侯國之人儀也奈何相君於宗廟相禮於賓同而反自此終今絕之至則　冠於大

已進一解也。由自優於詰戎，戎自優於，
有未敢贊言者。諒不以千乘之為邦，六七十、五六十之邦也。
則夫子之與求者可知矣。且更觀於夫子之與赤而深入焉。
也，求非不足以救民窮，亦非不足以華國，而赤也從容籌度若
未敢遽任者。諒不以六七十、五六十之為邦，而宗廟會同之非邦
也。則夫子之與赤者可知矣。然自是釋然悟，儼然辭曰：夫子之哂
誠哉其不讓也。夫子之哂由不讓，誠非以為邦也，而春風沂水
中之大有三子之事功在矣。然而三子亦進矣。
則化玲瓏而出以書卷之氣，能令寬處皆虛，列御寇乘風而行

亦當如是。吳幽川

一片神行機杼都自句積。沈炯起

長公波瀾萬頃海少公峭拔千尋。鶴中二比雖亦此志象前後。宕漾與之盡而遙應亦如仙子之乘雲騎風妙處難以蹤跡

唯求則

唯求則非　二節　　趙晉

二賢之為邦不以其讓疑也夫子之許求赤不謂其非邦也
夫子之哂由必不謂其為邦也然何疑乎今夫吾黨多才為之才
志在大行詞安小試亦以酬知我者之或不病其誇也奈何以為
者之遠當當世任遠疑外此之不堪家國事乎（情露出其）然終不解哂由之
故而顧以求赤之為邦疑也疑夫由之以為邦哂也則何為邦之
不可哂者夫子之哂由在為邦則不哂求赤之當在為邦外也雖
然求赤之為邦何遂不如由哉先王分土列爵以等諸侯提封千
里用壯雄岡即微區蕞爾猶足以畫疆向縣都猶足以帶園廛

北怪陸離

林放楚子許男屢見于春秋九廟立六瑞璣唯王其主之而負
冢君玉几玉爵薦于寢廟三承二承覲于天子故時祀時會不絶
寄于列國維求若赤志為邦志也言亦為之邦言假令授求以國

新出五六七十來

八命視侯九命視公亦不當以加衮屏藩獲罪不職而僅僅六七
十五六十之幅員在今日第列上一小諸侯耳假令授赤以國不

新出小相來

祀是徵弗庭是問亦不至以鳴鑾佩玉貽羞隕越而僅僅小小
畢禮樂之能在今日固不敢自夷于孫寡不穀耳求之六七十五
六十非為邦乎第不千乘亦之宗廟會同非諸侯乎第亦小相
固求赤之有與由同者由為邦求赤亦為邦西下之也此

收聞見

求赤之有與由異者夫子哂由夫子不哂求赤邪不乎與也
終不解哂由之故〻問也夫子終不復言不讓之說故第使點一
以求赤之非邦觀也

峭折古勁公穀之遺 汪武曹

唯求則

第二十七册　卷八十

唯求則非　二節　　戴惟東[illegible]在

兩賢讓以言志、歸其為非邦者繇矣、蓋求與赤、均之為邦也、而又其言均出于讓也、審是而哂由之故可知矣、然何待以非邦疑之哉、且夫禮者為國之善經也、而讓者進言之要術也、士之處世、苟其兼而有之、則雖一堂問答、不妨設一擬有茅土之規矣、備謂治人理物、必非儒者事、遂因是而致疑也、豈吾黨言志之初意乎、子之哂由、以其言之不讓也、非以其為國也、如以為為國之故、則必千乘為邦、而次乎千乘者、即非邦而後可、攝乎大國之間者為邦、而輔相夫大國之君者、即非邦而後可、果爾則為邦者宜哂、非邦

虞山人文　論語　墳稿

者愈宜哂矣而何以當日者哂由而不哂求哂由而不哂赤也哂

從破曾點言前起問之意　抄

若曰此其故吾知之矣求之言曰俟君子俟君子之為邦者也其

上兩句一截作法高老

不敢引為己責也非若由之毅焉自任也唯求則非邦也與非邦

由折高出問意

而何必哂也赤之言曰為小相〻夫人之為邦者也其不敢任為

仍從地兩問證主家法令人

己事也更非若由之侈焉自誇也惟赤則非邦也與非邦而又何

不講必矣　層層穿破曾點問意如補底

必哂也不哂求亦之非邦則哂由之為邦無疑矣哂者以為邦之

說一氣扎神　老

故則所不哂者以非邦之故更無疑矣點之所見如此子、曰是何

所見之不廣也先王之分封也大者侯小者伯子男毗六七十五

六十之所由來也今觀、求之言何適相合也先王之親侯也亦

助祭之典有朝聘之儀此宗廟會同之所由設也令觀于赤之言何婉而符也點知千乘為邦而獨疑六七十五六十為非邦是高視夫由而淺量夫求矣是使求之讓為無當于禮而由之見哂實

（根定禮讓二字）

以為邦故矣夫豈其然點知千乘為邦而獨疑宗廟會同非為邦之所有事是人皆為其大而赤獨為其小矣是疑赤之讓為無預乎禮而點之見與必以非邦故矣夫豈其然要之點之意非果疑求赤之非邦也特以子不見哂故姑舉以探之也子之意原無取

（聖人用世之志此意更精）

乎志之不在為邦者也故于點之致疑特緩急而與之也是知人

（歸宿）

不可無禮而言不可不讓也向非點之問則哂由之故其不得白

也幾希矣

看似平常實奇特成如容易却艱辛此是作家老境　錢圓沙先生

隨題位置曾點聞意了然言下題中混沌一一鑿破　侯秉衡

能使曾點印証之意軒豁呈露所謂詞足以發難顯之情也通

脊平正通達無一毫牛蛇神鬼氣象彷彿當湖先生　謝匽商

惟仁者能　惡人

○滂○確○字○意○○

萬曆己卯湖廣　崔誼之

子好惡之情天下一人而已夫人之於人原自有同情也故惟仁者
好惡之于且夫邪正殊途古今遞乘亦勢也一人起而奉以無
于以各正辨○道自治其心而天下人之心亦潛定於一人之
是以惡仁者焉養其性情同天地之正大而喜怒即以倫紀綱弘其
功用行帝王之權衡而進退即以人風俗一在好人乎聖明在上而
○以○知○之○不○勇○用○之○不○矣○綱○紀○乎○
賢多接踵誰不思扶進之然洛求而莫不至則賢人疑矣彼人之待
○共○知○明○芟○易○與○窮○能○寔○漏○
賢而并其俱疑矣怨焉而致欽敬之忱怨焉而求察祿之想一人曰
吾以愛緇衣也天下曰吾其盡愛緇衣也服五章哉開治而以命有

德才能惟仁者一在惡人手。要人在上而奸未萃心。誰不心懲艾之。然法懸而理不服，則奸遁矣。彼人之覺奸而嚴者，皆適矣。斷然去之而弗疑，斷然屏之而弗顧。一人曰吾以爲投畀也，天下曰吾其共棄投畀也。刑五用哉，請亂而以討有罪，其能惟仁者一嚬笑慎之，左右而可使昭明，賞罰出自朝廷，而四國靜正歟。曰平好惡之情，天下一人已。

小題不瘦，掛古雲寒。房評

仁者是現成底人，体用全備者也。時有以無私屬仁，以當理屬能好惡，便錯。蓋能好惡無私當理，皆在裏墨。提於者以体用分說，最合○玩內雖然後二字是無私在前當理在後此有体而始有用之說惟公生明也外雖心有所繫而不能自克云云則有知善不嫉知惡不退之意此累于私者也惟公而後能斷也斷即是勇則即是智仁原包有兩者在中吠本此以矜能字十分精采○好惡包括甚廣君相之用含小康之褒訊皆是此獨主君上說應制体也○端莊簡潔瀟灑風流賦臥名程中式有此一種宜漢若此之雄藝崇閎也 刘雨旻

惟仁者

崔

惟助為有公　亦助也　觀靈集　陳康祺

公田惟助有、觀詩而知助行於周矣、夫公田惟助有之、周不行助何有公田、周無公田、何有大田之詩、然則滕亦行周之所行也、可且從來制之所由始名之所由歸也、而其名為一朝所獨擅者、其制實百世所常遵、前聖人肇造宏規、創其制即垂其名、而里巷各効勤劬之報、後聖人率由成憲、異其名實同其制、而畎畝遂傳頌禱之聲、則一思勝代之典章、其制固燦然備也、則一考昭代之篇章、其名猶隱然存也、大田之詩、周詩也、詩曰雨我公田、夫公田何自而有哉、商先王民依軫念、而藉而不稅、已非復則壤成賦之規故雖金穡稱升、開國屢興師旅、而顧畏愍感遺澤、何難乘千百輩躬耕之暇合衆力而奉我君王商先王農務周知而力以代粮已大變納秸銍總之舊故雖矢言纘服中葉每致播遷而胥吏無苛征何難以七十畝天府之供頒定額而責之祇應蓋因而曰公田惟助爲有也臣於是參考遺文而歎文人學士之流習焉不察臣於是披吟遺什而知野老耕夫之作信而有徵此無論徵田爲糧徵我疆土先世訂農桑之譜不過即舊制而畧爲變通而第據詩言以爲憑彼愚夫婦耕鑿餘閒斷不借勝國遺聞爲慶祝豐年之兆此無論聚野鋤橐合耦千鋤元公屢制作之春猶且奉成法而未經更改而第即詩言以取證想諸父老恩膏久浹何至舉前朝軼事爲頌揚聖主之文由此觀之雖周亦助也與王定鼎之初損益無多國體祇存忠厚試觀官制則猶仍六太與圖則不改九州子

氏雖亡若隱為湯孫右纘緒況助尤歷久無斁乎由詩觀之膴膴周原無異芒芒殷土而凡武功載纘獻公子者取狐朋酒斯饗躋公堂者稱兕其義固可兼賅也縱稅畝行而田賦增宗國已乖古制而謳歌如昨不可識當代之規模也哉哲后紹衣之日承平已久舊章時切稟承試觀邇雅則列以楚茨鄘頌則別以良耜亳都雖遠每不忘列祖之備藩況助尤為利無窮乎由詩觀之翼翼商邑猶然每每原田而凡小正所詳公田早稱初服史書所紀公田時或非民其文不煩旁證也縱阡陌開而地力盡強侯已蔑王章而篇什堪稽不可通本朝之掌故也哉滕文昭也宜法祖滕侯國也宜尊王周亦行助滕如之何弗行

唯聖人然後可以踐形（孟子）　戚藩

唯聖人然後可以踐形　　戚藩

人皆徒有其形而聖始獨有所絕矣夫聖與人未始殊形也而踐之
厥以成聖豈知形事之全即性事之絕乎且夫人非同降命于天者
君子不舉以示特尤也惟事事盡乎天下之所同而已爰乎天下之
所獨以此推而上之凡以為下焉者相勸耳明于形色之為天性亦（使、呼、動、惟字、）
何人可質此形乎既已界是官而用以不克竟其才于是形實而所（能、發、字。）
以形者虛所已具是器乃器之至于危其身于是形叅而所以形者
然蓋未踐其形之難也即安得不獨尊聖人歟聖人總攝衆變主于（容、容、氣、無　本　忘、妙、住、切、字、形、字、欲、容）
定形矣以志使物不爭裕形表之氣帥心不役跡而不專寄于形者

[illegible]

而究止以求合乎形而一物焉于形必有所傷則韻一課焉于形必

[illegible]

謂新課縱聽人然後無課于形焉且聽人當發審欲至于柳遂形之

下此物之不能合

[illegible]

精俟其必有所減靜遂形之感使進必有所裁然於不克充于形者

[illegible]

而資所以深足乎形體不能卒而止焉雖尺寸其必資則功豈能半

[illegible]

而聖焉將毫髮其必周旋聽人然後無歉於形焉且是學鈞深恆發

[illegible]

于纖毫而聽人之清明純粹然是故學者之一體一虞常定當天地

[illegible]

萬物以一體然人聲精神實于周旋為聖人之功用歸已發是故率吾

[illegible]

之一真一念儀可修微無形跡之端然底于聖而不滋于幾形則求

[illegible]

深乎形者咸反其真塑此無歉于形而即可以為聖則苟少負乎形

不以志者說將遂不得為人矣凡有形者可不飭諸

化語錄之顯悟真實為刻劃警動世人薈萃理語易涉膚泛試觀

此文那有一字不切踐形終幅微言從自心中經鍊一過也

唯聖人　戚

唯謹爾　　王開泰

聖言而第以謹著，則其辨可知矣。夫恂恂則豈惟謹而已哉。茲若曰但不至于不謹爾，而其言之辨何如乎。且觀聖人於言不言之際，皆不可不盡其致也。顧盡乎不言之致，至似不能言而止矣；盡乎其言之致，將極天下之能言者以求似其才辨之萬一乎。果爾，是夫人之能言者也，非聖人之言也。夫聖人之言固無有不謹者也，而吾特于其在廟朝也，而見其為便便；而吾且于其言之便便也，而得其所以為便便者。蓋言有言之節，節不及無過也，而當其道在於言，則無取乎不及也；而過則本非其所慮。言有言之容，容過訥無傷也，而

〔便便辭蓋先提謹字倒出〕

〔便便全神皆注唯字矣〕

〔王批：從謹字說入，卻全不是謹，妙妙。〕

〔乃真提句之妙〕

方其意存乎言則亦無心於欲訥也而後則久為其所絕夫言而期謹字起逆找便以透出唯字之神不過乎節而已則是可言者不必其不言當言者不必其不盡惟是乃見提句之妙多寡疾徐之數循之而協于矩已焉此固其德音之常度初非至是始知唯字止言便到極處分項而加之意爾而論列之長安得不秩然其可聽且言而期不後于容而已則是其辭未嘗不曉暢其氣未嘗不發舒惟是抑揚吐納之間過之而順其則已焉此又其內養之風充特不因言而改其素爾而數陳之旨安得不暢發其蘊理是故觀聖人者見其言如是其辭矣以說唯字辯有此兩面從人口見得對一面耳而轉察其辭之盡善則唯其不忘乎謹者有以異于人之言之也此此卻只用併入意中妙絕從便之之餘諦而審之者也而所以適乎辯之宜者女之止矣然莫

即其言之何以獨辨也而則指其辨之所底則亦惟無失乎謹焉而要已大異乎向之為言也此就便便之時業而撥之者也而所以極乎辨之分者如是止矣由前言之言非必則于謹謹自不離乎言所以欲聖人致慎之素者理固不遺由後言之言辨則謹不見言謹則辨見所以著聖人語默之時者道非二致是故在謹之云要與向之似不能言的為盡乎言不言之致也已

通篇王意

江招公年句恰妙

此節與上節對照只是一個便便言而此句全為武足便便與似不能言句一例細讀大註其肯了然若懸作轉脚語歸重謹字便似非記者語脉亦不是聖人地位矣此最得解　王雲衢

看得謹字在便便之前。至廟朝則但不失其為謹耳。却是便便至言中如此。方見記者說言一氣中細體認來。照人欵以直內無時不然。便便之言却屬義以方外。在廟朝則言廟朝固宜于便便也。然方外者無時離乎直內。文提筆將謹字先透出平日意思。拔轉唯字只以形容便便。却不覺寫出敬義相表裏處。理明者齊神光妙妙。

第二十七冊 卷八十一

得之不得曰有命

湖北丁學院歲覆　俞化鵠
黄梅縣學一名

使思作意

至聖之言命準乎禮義者也。夫苟必得之，亦妄往而不得者而然曰有命焉，非準乎禮義而能處之若是乎？且自孔子以有命謝彌子，或以為不過一時假托之辭耳。（即拈曰字起）乃觀于生平所遭，其所以處之者，則總不出此一語，是何也？孔子蓋必進以禮而退以義者也。惟其禮也、義也，故凡可以得而卒不為苟得者，（劇前之字以下從此發揮）豈獨于衛一事哉。蓋其為得之不得也，往往如此。此亦何妨顯示之曰：禮則然也，義則然也。然而守于身者同，不必以白于人也。若命者，則我可大白之矣。又何難直絕之曰：吾有吾禮也，吾有吾義也，然而已所矜者固不必與人所信也若命者則人皆素信之矣夫惟審所以處之也久矣第莫不曰有命而已矣且夫命亦非獨孔子言之也人恒有期其得而未必果得者則遂引命以歸其咎曰是有命也若夫可得而我偏不欲得此或我之自為迂固而非命之果不得也然而迂固之不改窮必有陰為之驅而遣與之合者以是為命之所在而我固無憾也人又有期其得而竟無不得者則或假命以蓋其貪曰是有命也若夫可得而我若不敢得此實我之自為權衡而非命之果不得也然而權衡之必懸要必有默為之鼓而預縱之會者以是為命之所在而人亦無憾也故夫事機適至之會即素

識天命之已定而此中微動不覺游移之見生而孔子早以有命
命字看得闊大方見聖人之立命
決之隱以見吾道之顯晦固自有時並非關吾一人之命之所為
則以為于吾身總無所與而已其在喪淵備傷之亡亦深信天命
之固然而回念所遇不免纖悉之念起而孔子終以有命淡之明
以著造物之生成固自有意何能強吾一時之命之必合則誠覺
義而分精
于吾身推其自盡而已蓋其見為命也緣禮義而推者也而非徒
托杳冥之數故極氣化之顛倒推移原實有自然之因應而礼義
之閑于以益堅然其見為命也又先禮義而定者也而非敢謂意
見之守故舉吾身之用舍行藏不過與彼蒼相繼述而禮義之逮

并可供[illegible]孔子之生平蓋如此

人只說成得與不得多將之字忽過亦只說成得失有命直指

曰字味然文從兩虛字發出精義而大聖人一生不怨不尤學

問和盤托出尤為得未曾有　程梯雲

從上可得字生根據斷得之側淡不得文心入細義法俱員此

作家相題獨到處餘則前評悉之

得之不得曰有命而主癰疽與侍人瘠環

張特珪達卿

授權於天者應無疑妄主於人矣蓋命者主之自天而與禮義相成者也知得失有命而又疑所主非人耶且人豈不明乎得喪之原故遂生其依附之心此失身之詭所自來也若乃知得喪不由於人爲則立身必準乎禮義曾謂達天之學而猶未免依人作計也耶知孔子之進退既皆禮義此無論嚴正之縣必不稍狥乎人情亦且儌倖之徒遥望而生其敬畏主癰疽侍人之説已不足辨矣然而人且竊竊然議也則盍舉其對彌子之請而思之夫彌子之在衛其得君豈癰疽瘠環輩所可同日語哉曰衛卿可得或不

朱文宗科試取進平和學第十二名

碧山樓

廣汀試藝　　朱文宗科試取進平和學第十二名　　碧山樓

誣也而孔子則曰有命亦可知仕止之緣祿之者有君通之者有臣而其實君若臣皆轉移於命之中而不得自主者也故當日三至衛未嘗稍有希冀蓋明於進退存亡之故而不淪乎卑污苟賤之途也且命也者禮義之本而即進退之權也守禮義而得失相反則順命盡禮義而得失相成則立命是禮義由知命而愈精也得隨有命則胥小無能為失亦有命雖逢迎不為功是進退由知命而愈決也苟若人言於趨乎得失之塗者猶未泯得失之見也而以為主癰疽於忘乎得失之數者猶稍挾得失之私也而以為主侍人瘠環夫癰疽與瘠環其位非尊於彌子也其權非重於彌

子也。其謁吾徒而來請而欲致力於孔子者亦未必遂能遠過於弥子也。然有命之言已見於對弥子矣豈其明於彼而昧於此哉

小人之好議論蓋由于不知義與命也夫

賦得月淨庾公樓得公字五言六韻

月滿高樓淨登臨羨庾公芳規殊莫覩景色幸猶隆氣自凌霄漢輝疑煥碧空畫屏飄桂魄藻非漾銀缸眺望涯何在低徊思不窮誰云懷古者到此弗停驄

不離此子粗浮語平心靜氣淡而愈旨經可詩有華意原評

迅筆揮灑劃截痕俱化品亦得太史公潔之一字　業師許恭老先生

得天下英才而教育之

浙江彭宗師月課
溫州府學一名　朱　汶

英才著于天下教育之而所得為不虛矣夫教育本傳道之心也所難得者天下之英其耳亦既得而教育之而道不已有傳人乎且君子抱道于一身不如廣之一世傳之奕世也然非其人莫與受非其人莫與授苟得其人焉得其傳焉而道之所及者遠矣天倫既全兼能克己一則得之天一則得之已者也若乃矚望已往之傳而茫茫也而民彝物則之常亦既萃而集之于吾則未可謂其傳之散而無所屬也後顧無窮之緒而皇然也而天命人心之正亦既統而歸之於吾則未可謂其緒之分而無所係也庶幾歟

為道成樂

之青之前古後今之責有所寄乎此非得天下之英才不可恃是英才之挺生也鍾毓者幾何年誕降者幾何年彼其于流俗之輩一切皆畀視之而翹然自負意氣恒不肯下人英才之賦質也明〔切英才〕斂足以兼乎人奮發足以兼乎人彼其于庸碌之流一切皆恝置之而超然自遠抱負恒不肯後人敬君子于此非有高世之見則〔提出新領異來經人道〕不足以識之非有名世之德則不足以服之非有上下千古之學則不足以動其虛懷集益之思非有毓誠延攬之心則不足以感其執正恐後之志此蓋天下之英才也而亦既有以得之而有不敎之育之者乎英才之中正者有之矣而其間高明沉潛或猶不

免乎氣質之偏。則博約以盡其才。而或為剛克。或為柔克。左之右之。使之循乎矩矱而漸摩之以底于成。斯提撕警覺之功。其所被者深矣。英才之純粹者不乏矣。而其聰穎敏厚重。或不免于偏倚之累。則文禮以竭其才。而裁其太過。引其不及。啓之迪之。使之遵乎途轍。而引伸之以臻乎至斯。誘掖獎勸之誠。其所造者宏矣。蓋相得在性情。不在攀援。故教育滿天下。而崇高勢位之事。不得以相加。相得在學術。不在聲氣。故教育遍天下。而黨同阿比之私。不得以相雜。斯可為三樂矣。

不與存意

極寫傳道有人。句句見其可樂。取下之神。然只完得本句分量。

意到筆隨。識高筆老。有大家風範。原評

起就傳道說入英才當得。〻非無因也。史言非君子不能得。〻

之蓋不易也。為斯道之有傳人。則望中行之意。固殷。〻哉狂狷

之思亦切。後二比。寫此意而兼言之。書理尤金。文體清高。不坭

時蹊堆垛。楊遇手

得天下　　朱

得天下英才

周日藻

道有所賴之人可以思君子之得焉蓋英才不乏於世而非得自君子何以終為道中人乎故因邀所樂而及之今夫道在君子將與天

虛擒　承上二節來

下為量者也然而俱存無故第屬一家之幸不愧不怍亦止一身之

緊對王

宜要于天下概未之及焉則君子何自而驗吾道之廣耶人惟克有天下而後天下之才為我屬君子蕭然高寄昔聖昔賢而外復有何

天下說入

人抑惟克有天下而後天下之得不我外君子邀焉寡儔同聲同氣之閒何知幾輩然而造物鍾靈無殊今古人才輩出寧有窮期以彼

原評跌起得字裹元排蕩

閫所懷奇心奮意廣以為道所不廿敵匹跡而不相知聞當世[illegible]

考卷中聲

子其人而不翩然来集者乎嗟夫〻〻可以觀君子之所得矣今夫羿

毒〻飛筆

常無聞之輩以之謹厚自将可耳將〻欲究天人之理追弘遠之模而

故須英才

字〻堅綴〻

責之誚〻拘〻者乎並世来遊文章性道居然三代之英盖智勇獨

出矣郎目前聞望之人苟有一二自效已耳將欲羽翼乎斯文後先

故須天下英才

乎名世而限于一鄉一國也乎入户升堂中行狂狷斐然一世之英

盖磊落相望矣且夫君子之得此也豈偶然哉當此〻〻號雜起〻〻

黜絶之思維彼英才亦望為之奮臂耳退而不前縱勢利薰人不足

如陳同甫之以漢唐當三代撑持

摧英〻〻之氣要亦未知何屬耳而所得不已大歟况今仁義路塞殊

切好惡〻之懼維彼英才庶幾助〻吾張目耳進而失所彼詖邪乖人最

公陸子靜之學聖人

足誤英異之說將復流入何地矣而所得不足多歟嗟夫君子不幸無其位值此英才不在疏附先後之列君子猶幸有其道知此英才

言下傳寿未了千概想不盡

終歸吾儒矣大之中耐以教育之故也然絕續之交想望英才於

之神

得不綦盛哉

俯仰上下五字中包孕百代後幅緊對教育落筆欲往故迴如勁翮之摩空　原評

不屑臨摹古句自然迥別時趨吾於作者諸文服其骨韻堅光非近時他家可及

得天下　周

考卷中聲

得天下英才而教育之

安徽觀宗師録科
懷寧縣副貢一名　路一清

道有傳人教育之功大矣蓋人非英才無以傳道既得而教育之是成己無能成物矣其功不誠大哉從來位尊者曰君道尊者曰師作師之重與作君等夫名山獨處寧屑聯聲氣以博名高而室中之德業日新自户外之車轍恒滿師道立而善人多乃知几席趨承較勝明廷之師濟蓋其任至重其功亦彌遠矣倫類全而媿怍泯至是而學可及物矣坐明堂而勤董勸可布德意于橋門然臨之以勢不若孚之以性者為最真也草野無移易之責而一堂授受化擬菁莪則藴爾儒生足萃天地山川之秀入太學而習上

幸可罄搜羅于英俊然崇之以迹不若感之以神者為更徵也布衣無鞹鐸之懸而意氣潛孚風同棫樸則藹然環堵足盡東西南朔之奇蓋天下有英才焉是誠教育之資也所難必者在于能得之耳名流之散處也其勢不能以常聚抱瑰奇之質原有不甘來縛之思而況曲學異端各逞其術以爭相蠱惑則英才之受其害者反樹黨以與吾道為仇正學遂由此而不振于焉散者而使之聚焉千里百里總印以心源之契若勤步趨務遵周道若施樸斵必賴工師當波靡日甚之餘而乃有此落落不羣者輝映于守先待後間也斯亦極吾黨之盛事矣意見之各異也其勢不能以強

翻意極況者透快

收到得字

同值横議之秋早有參差別白之隱而況高明沉潛各鳴其是以史扶出所以畫教育之旨
遊為抵悟則英才之任其質者反背謬而與吾道日遠絕學或由
是而就湮于焉異者而使之同焉剛克柔克總律以大中之規精
其業可以造於中行救其偏亦不流于小就處心傳絶續之交而
乃有此嶽嶽懷芳者彙起于風塵物色中也斯亦極千古之創見
矣川嶽精靈之氣每為大造所特珍乃珍之而忽洩之至分以洩
之者君子獨合以收之合其志以為觀摩之藉即合其勢以為羽
翼之資彙名賢于一室吾道中正賴此共相鼓舞者作干城之寄
也蓋天爱君子而寔爱我英才也五方風氣之殊每為彼蒼之所

限。乃限之而後啟之。至。合。以。啟。之。者。君。子。又。分。以。授。之。分。其。業。以。

成。專。家。之。學。即。分。其。力。以。闢。百。氏。之。書。廣。陶。鑄。于。寰。區。吾。道。中。正。

賴。此。各。相。刻。勵。者。荷。仔。肩。之。任。也。蓋天愛英才而尤愛我君子也

有此三樂。而謂王天下。能乎否耶。

見妙

此主意

有深英才重則得而教育之然有關係而樂字自動矣思風發

言泉流當沉〻悶〻時讀之足人〻興高而氣盛　廖南崖

得天下路

得天下英　一句

達道堂館課　一等七名　鄭超　開天

英才得諸天下而教之所施、溥矣、夫天下英才亦難得君子出而教育之耳使共奉一君子焉則雖君子之得英才亦英才之幸而得君子也且君子有自超絕乎一世之中而為天下之英才者也自有君子而天下之英才無所負其奇亦自有君子而天下之英才有所養而約之賦之有君子而不患不得天下英才而教育之也理固然矣然而有不可必者其或生而不同時也則固無望其絕代輝光承我教澤矣即今而生同時矣天壤甚大何地不生英俊而或山藪之中有遙遙相感而終嘆親炙之無由者既莫致其來學矣又不聞有徃教之禮則亦無可如何耳君子不禁穆然神遊慨然志遠吾誠安得天下英才而教育之且夫英才不得君子而英才之學終偏君子不得英才而君子之道終悔夫天下滅忠敗行之士半出于英奇磊落者之所為高明而或入于狂奇僻而或流于放矜智卓越而或失之粗疏失之躁妄以致自暴自棄而不堪有成者無他未見正于有道也況君子能使其身為一世表率之身而必不能使其身為百年不敝之身使不得英才以紹吾道之傳將聽英才之自誤其學術任吾道之空懸于千古矣乎君子不禁喟然動念愁然興悲曰吾誠不忍不得

天下英才而教育之誠不敢不得天下英才而教育之如是而深望其得如是而慮其不得且如是而更起奢望其蓋得也秀予之亦廣矣君子之心苦矣天下事豈盡無如頑以相償者則說也聞風而起不惮千里百里之遙負笈而來盡是為俊為傑之輩有志之英豪聚于一室無位之教化淡于四方此行之君子當必頓異乎向之穆然神往悠然忘遠肅然動念愍然興悲而不禁情見乎詞曰吾乃今而識得天下之英才而教育之

文氣超超飛黄騰達去不啻問蟾蜍　原評

海天　鄭

得天下英才

庚子　顧起倫

不易得者而得之、其人之所係至重也、夫英才不數數覯、而君子得之、其所係豈淺鮮哉、嘗思君子盛德在躬、固三代之英也、亦命（即從君子借映題面最為緊）世之才也、（醒）天下得有君子、未始非天下之幸、然君子不止為一世之天下計也、不止為一世之天下計、而君子所欲得其人於天下（知任不溢）者、其情亦孔迫矣、其人者何、則英才是、天地精英之氣、不能無所鍾、而亦非偶然也、必閱數十百年之久、而後挺生群哲、使落落布列寰區、川岳英華之聚、不能無所發、而亦非輕洩也、遍歷通邑大都之閒、而或屈指賢豪、俄寥寥不可多數、是則英才亦綦難得矣、晏安中之骨力非仁義道德之所能振此靡靡者固未可云英傑也即或翔然自異而勝人者在意氣不在品詣則虛憍之習適所以自溺于凡庸功利中之錮蔽非淡泊寧靜之所能開此碌碌者固不足云才俊也即或憍然自負而崇尚者在奇衺不在真性則論倣之行又何以獨見其秀靈則甚矣英才之難得也而君子何如乎一得爲庸人不如得一奇士而正未嘗自炫其奇也志氣服習亦溫溫以自下者而其胸中則上觀千古下觀百代焉文理涵其英于內官體呈其英于外此非什百庸人所能並也而君子固已得之矣得百間人不如得一真品而又未嘗稍掩其真也坦懷率

略若嘐嘐以自喜耶而其矢志則不敢棄天不敢褻天眞英氣絕

汪蘭成云即是英才本相

未澤于中和而英氣終不同於矯飾此非什百聞人所能方也而

君子又已得之矣且君子非僅得于一方也遐陬僻壤巖尊無不

二比從得字洗發

自也有君子而懷任慕義之心皆聞風景從恐不得出大賢之門

冒懼則君子非有以招之而不嘗有以招之也斯得之者無間于

天下之廣君子又非僅得于無心也越國過都所多賞識蓋斷有

君子而遐搜博採之餘凡詞林與藪無不以被人倫之鑒為幸則

君子有意以獲之而竟無有以獲之也斯得之者徧及于天下之

遠故英才不得君子則抱人既遠且將傾聽天下而淵默長思一若

子而不得英才雖名山可藏絡以不獲英才而惕然滋慨而何幸

得之如傳道得吾徒樂莫大于此矣

字字寫得有光燄亦足以籠罩羣英　張衡三

題非發皇弗繙繹其蹤英才二字恰切身分蹤得字恰如題位

并此惟本領深厚者能之　張魯璵

英才有真面目即是聖門之狂簡若元亮豪氣未除便遜一步

中間及正四比最有分寸而通體高瞻遠矚竇大聲宏想見作

者自命不凡之概　張履安

得天下　韻

得志與民　二句　張對墀

志有窮達之分者、道無離合之異也、蓋舍道無以為志、民由獨行、得志不得志俱無所失、道哉、今之以大丈夫稱、藉藉諸侯王者、果何所挹、而何所尚哉、夫丈夫之所挹者道、而所尚者志、儀衍顧知之乎、道者何、居廣居、立正位、行大道是也、分言之為三、合言之為一、私言之、則由之者不過一己、公言之、則得之者可盡衆人、甚矣道之大也、而體而備之者、厥惟斯志、蘄然以豪傑自任、畢定一世之事功于寸心、籠蓋宇宙、恢恢乎志之倜儻而超越也、巍然以醇儒自期、己卜終身之學業于一日、包涵古今、卓卓乎志之慷慨而

（主意）（提綱挈領）（側落）（說志處能全題最有作法）

激昂也夫士生公日隨人俯仰蕩蕩然無所為志矣即或有之又皆微暖不堪以告人而傾有以道自重（用串筆作頓）較然有志如此者其得也（如題）乎是斯民之幸也（並點）則以其道當天地民物之任而無難色盡吾分也其不得之乎是獨居之日也則以其道適（沉鬱頓挫究六敦宏）卷懷退藏之趣而無愁容樂吾天也道援美人於西方則辟雍之鐘鼓非遙以入孝出悌之素抱罷懷利去仁之構兵固足洗民賊之害登倒懸於袵席（又作一串說下古氣磅礴）矣即使有志未逮亦倡明正學為王者師當寤言寤歌之時而不（以道字作線一絲）忌（不紊）先知先覺之任直可於往古聖賢旁參一席道繼素王於東周（對針儀衍）則尼山之木鐸再振以黜伯崇王之聖徒排合縱連橫之說計周

足饑大人之尊撥禍亂於治平矣即使素志雖酬亦修明古制待

語皆千鎚百鍊

諸後學當歸楊歸墨之世而自凜無父無君之坊直可於聞風親

民師質百姓一夫行之與窮居揔有所本以為操持其推而公之為

心靈手敏大有章結眼疾雪盡蹤輕之致

兆姓不但為諸侯其引而私之為一己不必為天下而出處自覺

落落用行之與舍藏皆有所挾以為屈伸其廓而大之膏澤下而

諸侯無庸淇其操而約之仰望殷而天下不徒懇而氣象益覺巖

古文結束

嚴則以其所抱昔道而所尚者志也大丈夫當卓犖自矢振頹廢

只一點高絕

之氣嬌陰媚之風何能效妾婦輩如脂如韋與儀衍比倫哉

對針儀衍寫出大丈夫巖巖氣象沉雄蔚茂筆力透紙推倒一

得志與民

世之豪傑開拓萬古之心胸直文中龍虎也郭景人

得志與民由之

福建司宗師科
考永定一名　盧祖熺

推所學於民惟得志時然也夫民之不由以無有與之者耳曾得志而不與民由[illegible]孟子與景春曰今之稱為大丈夫者類皆挾縱橫之術與一時諸侯王抵掌而談謂由吾說可以立天下之功名幸而售焉曰此誠得志於時者之所為乎至問其能大出所學以正人心而厚風俗則未之聞矣以余所稱居廣居立正位行大道者當必不然彼富强而獨全所性此其志大不願於凡流夫豈有馳情名位之思然賤功利而一秉於正此其志實情殷於民物安必無用行適願之時夫民性之不由其故也久矣士嘗撫斯民而慨然曰吾實有志廣

一字上一開一合機法俊拔

二比暗到得志

接處實現

直省考卷小題選　孟子　文成定本

殘其大快我意乎。有如氣運方開。造物欲除暴亂。而使一怒安居無所用吾道。方享諸侯敬奉社稷。而使妾婦順從。不得行非徒厚其車服。而實委以心膂。非徒崇其爵祿。而實假以事權。茲非得志時耶。夫

顛任得志二字。

又作一波。折其後出與民由之末。

人當平居未遇。念民風之不古。慮毅然以匡維一世為己任。迨達可行矣。而漫無扶持。不能以所學澤民。方且曰我自得志於民乎何與。此昔之人所以致嘆於處士之蹈虛聲為可惜也。而茲亦不然。則見其

與後[illegible]居三[illegible]說極切實。

出所居者。以斯民舉向日之刻薄鷙凌者。俾之各復其天良。蓋我未得志時。早期舉斯民於仁壽也。而今乃得與之由於廣居中矣。則見其出所立者。以與民舉從前之蕩檢踰閑者。俾之共納於軌物。蓋我

得志與民由之（孟子）　盧祖熺

未得志時恒思進斯民於禮讓也而今乃得與之由於正位中矣則見其出所行者以與民舉向時之緣邪逆越人紀以自外綱常者俾之共安於率履蓋我未得志時早欲濟一世於蕩平也而今乃得與之由於大道中矣我觀古之人莘野躬耕忽而幣聘頻加遂以膺覺世之責而萬邦表正焉非其不負所學有以大用於得志日哉柳觀古之人渭濱垂釣忽而後車命載遂以建鷹揚之烈而四海永清焉非其大抒所蘊有以無負於得志時哉獨柰何侯王不禮士君公不下賢王前士前比比然矣士亦何日而為得志時乎豈猶得熟與民由之之說如彼儀衍者委蛇以求合哉則又有獨行之一術矣

（伊呂作趣亦有餘波）（脫卸下句更力）

出落跌宕獨有古致瀠洄。原批

註推其所得于人正指上仁禮義說文于起手引入得志以下陡然撥出民字將聖賢一段大行其道之意昭然如揭然後順講題面末後又對照儀衍跌落下句極純正中却有峭致

得其門者或寡矣

江南張學院科入　太倉州學第三　馮易本姓顧

得聖門者之鮮也恐雖語於門以内矣夫聖人之門未嘗禁人之得也而得者或寡其毋乃為門外人耶子貢意曰今而知優入聖域之難也夫大道為公聖人亦嘗示人以周行而不欲其惑於他岐乃不意自外者實繁有徒退阻者隨在而是遂使高深之境秪有一聖人之孤踪獨往獨来於真際也而聖人亦遂於此遠矣如宗廟百官不入其門者不見則是為爾爾為皇皇惟造乎門以内者始可共語此中之盛也則是為雍雍為肅肅惟遊乎門以内者乃可相探此際之奇也吾於是竊幸夫得其門者誠有人焉自知

上是不得其門此節

是得其門劃清不混

散行一段領出得其門者四字氣局秉始

（釘鉸）武叔
寡聞自慚渺見叩門而請謁焉夫子方將闢門招之而與之升其
堂入其室也是之謂得其門者抑能虛其心能廣其識望門而投（重頓）
足焉夫子方將啟門納之而與之遵乎仁義之域履乎中正之道（反退或守歷落）
亦是真能得其門者顧欲得其門者或畏其險也而聖門則如砥（原評意到筆隨）
而如矢也夫寧險也或畏其隘也而聖門則無偏而無黨也夫寧（反擊寡字）
隘也則得其門者當正多也又或恐其我卻也而聖門則任人之
旅進而旅退也夫寧卻也或恐其我拒也而聖門則任人之亦步
而亦趨也夫寧拒也則得其門者應自廣也而豈意人之躊躇不（折到寡字筆氣翱翔）
進也哉明示以巍煥之觀明示以崇高之象而畢畢者則曰此有

徑我烏乎由之蹊〻者則曰彼有實我烏乎由之方且望其巍煥
而若驚望其崇高而若訝也而面墻而立者蓋徒〻不乏矣而豈
頓○上○數○似○　○寡〻字○又○用○反○托○
意人之逡巡不前也哉既與以平直之道既與以坦蕩之途而沮
之者則曰此畏塗也我烏乎由之蹊之者則曰此危道也我烏乎
倒○對○武○叔○
由之方且以其平直者為不足信以其坦蕩者為不足觀也而循
正○点○或○字○　○点○寡○矣○自然、　暗○射○武○叔○
墻而走者或自此不少矣寡矣嗟乎世非無自附於知人而能求
抱○美○字○　○是○寡○　○抱○富○字○
其美備者寥〻不可多得人孰肯自居於無識而自覩其富有者
側○繳○得○其○門○者○與○前○文○迴○應○
落〻曾無幾何是豈可謂得其門者哉而何怪乎夫子之云也
風簷寸晷五藝立成而意到筆隨機流神駐洪文無輩恣於川

惟其有之矣。此節是鐵錠武與人多泛作推尊孔子與下二句語脉不相應矣。認題得脉獨有吾友中孚斯文耳黄孝存前將得其門者四字頓跌取勢後将或寡矣三字敲擊取神不彫不琢破浪乘風　黄儒醇

一瀉千里韓海蘇潮　黄師麗

從我者其由與（論語）　陳光

從我者其由與

福建汪學使歲考　陳光
入興化府學二名

計所從于浮海、亦聖人之設言也、夫子豈誠欲由從而浮海哉、計及此、亦誰乎為情矣、且夫人當飄然遠去之日、而循朋共事之人、不亦可以已乎、抑知離群之傷、遁世尤甚、則我今日之浮海、安可不計所從也、夫遁跡于時、而分曹於賤、吾黨固多從我之人、而今之計所從者、乃欲長往而不返也、夫長往而不返、誰則甘之、且遁晦于時、而後皇求過、吾黨亦有從我之士、而今之策所從者、乃欲離世而不顧也、夫離世而不顧、誰則願之、是則從我者、其人也、思之思之、其由也與、公山之召、由則阻之、阻者以于……也、浮海其可

隨○勿○念○拼○歡○

意好

予抑不可乎未知由之意亦動未之往由則非之

非者以其不義也赴佛肸義也俘海其言乎抑不義乎未知由之意

亦存不入之見否也然而我有以信由也負激昂慷慨之氣感傷時

事之已非然而我有以決由也入杳冥汨沒之區可結同心之儔侶

益今日者天下猶未清而遵海而處我與由暫且為避世之逸民異

此韓廷得自責抑鬱亦焉絕　汚其

自新中國有聖人而航海而來我與由又將欽歸周之二老由其諒

我心哉我而人請從此逝矣

不作激烈語不作淒涼語吞吐抑揚抑情絕肖　原評

語語淡淡致得題情閑至中國有聖人一轉令我擊賞不能已已

從我於陳　全章　　　周茂源

聖人聽而傷別其人皆足感也夫覲於孔子之門一時之賢可謂
大聚能不興思於去後哉其因而次其人也宜矣且人之悲喜豈
不以時哉無所感於中雖遭患難經離別而不愠也及其既暮而
感慨係之身既不遇矣而其徒之足依者又皆已散去所謂有寥
落之嘆也雖吾夫子其能免乎蓋孔子之用於魯也齊人沮之其
適楚也陳蔡大夫懼之此皆夫子之所不樂而於陳蔡之事尤不
能無重嘆者是有故焉孔子三十而弟子始進自後彌衆至自遠
方所謂修明先王之業探擇當世之務而周旋不失者至陳蔡之

本朝考卷傳文　論語

時已三十餘年矣終不見用反息於魯弟子亦知其無四方之志
伏後顏淵早折一段
而遊仕諸侯散在列國或死或歸者多有孔子顧之不能無今昔
之異矣不遭患難不知安居之適也不遇別離不知聚首之歡也
曩之從夫子於陳蔡之間者入而言道則有其人往而興師則有
其人今其人皆何往乎何其繫夫子之思也吾嘗考兕虎之歌得
抽出三子以法變化
而辭之者三人焉由也賜也回也其餘則記者詳之矣以德行從
者不獨顏淵閔子騫與焉冉伯牛與其族仲弓亦與焉以言語從
抽出三人作客敘須獨詳其敘法各變
者則有宰我子貢其時以楚師免孔子者即子貢之力也以政事
從者一爲冉有一爲季路其時子西之語昭王曰王之將率有如

子路者乎蓋甚畏之矣以文學從者南有子游北有子夏吾聞孔
子絕糧絃誦不衰二子不既聞之歟之數人者皆何往乎奇考其（蔡○楚○[illegible]○之○[illegible]曾○嫌○[illegible]○[illegible]○之○者）
時顏淵早[illegible]伯牛繼隕子路見難而死言游成學而歸宰我入齊
子貢使越其他弟子或仕於楚或仕於衛皆離散不可復聚以視
陳蔡之閒又一悲也能無慨然於不及門也哉危可得而安也險（語○有○餘○）
有時而去也之數子者入則同堂出則連車而遂寥落至此蓋至
（悲○閔○余○[illegible]○[illegible]○中○[illegible]○亦○發○）
負杖逍遙誰賜在也而夫子泣下矣

玩記者因孔子之言云云則下節原不重四科特誌其不及門
之人耳絕不鋪排德行等項只以十人作不及門註腳乎詩

苟而聲調激楚情致悽凉古今山牽別恨氷當離聲

從我於陳蔡　門也　　陶貞一

聖人懷與難之賢情亦悲矣夫陳蔡可忘而陳蔡諸賢夫子不能遽釋者至於皆不及門而能勿悲哉且天下唯同患難者極不忘也（語不多而曲折至發）憂歡異昔甘苦變今則聚處而談亦多感矣況復同堂或自有人觸目盡非其故此尤耿耿耳如夫子於陳蔡諸賢而喟然嘆曰嗟乎陳蔡之事所謂厄於天而窮於人者也一人悔其禍而衆得與二三子出險就夷其亦窮極而通之候矣孰知夫道者非道而窮乃彌甚（深痛）天佑其衷而我得與二三子安常處順其亦厄極而伸之候矣孰知夫伸者未伸而厄乃更深是何也陳蔡不足悲厄窮非所憫而予之從來於

本朝小題宬編　康熙壬辰　論語

懷而不去唯小與難諸人也豈其無人而獨陳蔡之從是問乎蓋
手意疥岸　二文
股足與正希德節道大莫能容二股文並有千古
我之服誦我之言從我於從容暇豫之日者也以生從我也以生從
湮化曾子傳道而不與當務
我者其情其義非其不能以死從我而當其時皆不與也其與者祇
此幾人兮我不去視我如歸從我於干戈搶攘之中者也以死從我
對变化
也以死從我者其時其勢不望復以其生從我而追其後皆以免也
叢格血三年而化碧
乃免者覺歸何有一二散焉者矣而散不一人或出而仕或歸而養家
名論不情飾癖欲語
國事重終難以師弟之恩而奪君親之誼然彼畏勞而或忘吾瞻顧
其何乇落〻天下其遂不返乎有殘焉者矣而殘不一人或難而亡
〻人、而死幽明異〻有知則猶念〻無知則遂棄我然彼之魂魄靈門弟之想像彌失次一人懷之亦永逝乎茲自昔觀之雖干戈搶攘猶足慰其聊落之衆更七日焉其可也雖終身焉無恨也為其有與共事之人也而自今思之雖從容嚴豫終無解於淒涼之況少一（行○幸○聲○力○）人焉已悲也得一人焉猶幸也如之何而儻併一我也有痛心焉有（何○寿○千○神○）遐思焉非尋嘗索居之嘆已也陳蔡之窮厄非真而今日之厄窮實甚也

才鋒太露尚非渾然辭氣然其中有一段不可磨滅處古人所謂有故有物也何圯瞻

哀怨之意悲涼之調雅近六朝然中有勁骨深情正非靡麗者擬國當於歐柳集中求之李惠時

魚　　王承熙

有味乎物者而先及于魚焉夫魚則魚耳何異乎魚若以味乎物者言之則有先及于魚者孟子蓋有曠解焉而發其端于此若曰自庖犧氏作結繩之制凡所羅而致之者率以充庖也乃有不為珍奇初非褻味者人其問諸水濱焉則有如魚夫魚潛在淵與人無預也自人有口腹之累而致物遂及乎浚巨即在藻依蒲水物不止有魚也而求極饔飧之情則澤國必推乎鱗族夫是以味乎物者先及于魚也即以魚言為鯀為鰭其細已甚而取小者不嫌屑在塗泥也為鯨為鯤其巨已甚而貪大者且謂足充海錯無若

白魚入舟紀其瑞也（紀魚之瑞）瑞則神神則不可以供刀俎若魴魚赬尾惆其勞也（惆魚之勞）勞則瘁瘁則不可以列鱻噉言乎承祭之有魚也（魚可承祭）季冬嘗魚以薦寢廟季春薦鮪于寢廟烝烝然罩罩烝然汕汕意鬼神之來（鬼神之食）格來享者寔為此魚乎（欲魚）言乎速客之有魚也（魚可速賓）魚麗于罶或則鱨鯊（嘉賓樂欲魚）魚麗于罶或則鰋鯉物多維嘉物有維時意嘉賓之以樂以衎者（欲魚彩之歌）寔在此魚乎長鋏歸來食無魚也如其有魚寧復彈鋏而歌數畧（欲魚驗諸市）不入長此魚也如其徑尺寧復不需于市因思臨淵而羨魚為魚（羨魚不如結網）而羨也退而結網也為魚而結也維絲伊緡為餌魚也溉之釜鬵為烹魚也我亦人情也而謂魚非我所欲乎哉

援據渲染切魚之美味生情而神注欲字留下熊掌傳籠罩而不濟侵運典澤于靈心正不徒工于賦物　湯修來

庖犧氏即伏羲易繫辭庖犧氏之王天下也作結繩而為網罟以佃以漁魚潛在淵見小雅鶴鳴篇波臣莊子外物篇有鮒魚焉曰我東海之波臣也在藻依蒲小雅魚藻篇魚在在藻依于其蒲鰷鱨周頌鰷鱨鰋鯉鯨鯤大魚海錯書禹貢海物惟錯註錯雜也海物非一種故曰錯白魚入舟史記周武王觀兵于孟津渡河白魚躍入王舟魴魚赬尾周南魴魚赬尾註赬赤也魚勞則尾赤嘗魚薦鮪月令季冬命漁師始漁天子親往乃嘗魚先薦寢廟季春薦鮪于寢廟罩〻汕〻小雅南有嘉魚篇烝然罩〻烝然汕〻烝然發發語声也罩篧也編細竹以罩魚者也重言罩〻非一之詞也汕樔也以薄汕魚也来格来享見詩商頌魚麗于罶麗歷也罶以曲薄為笱而承梁之空者也小雅魚麗篇魚麗于罶鱨鯊魚麗于罶鰋鯉又云物其多矣維其嘉

矣物其有矣　衎樂也小雅南有嘉魚篇嘉　長鋏歸來
維其時矣　以樂以衎賓式燕以樂嘉賓式燕以衎
齊策馮煖寄食孟嘗君門下彈其　鬻市　沽者魚不滿　臨淵而羨
劍鋏歌曰長鋏歸來乘食無魚　人市不得罟
董仲舒臨淵羨魚　兩絲合成綸曰緡名南　溉之釜鬵
不如退而結網　維絲伊緡　其釣維何維絲伊緡
詩檜風誰能亨魚溉之
釜鬵註溉滌也鬵釜屬

魚我所欲也　一段

江蘇張學院歲入崑山縣學三名　王炳文

有所以權取舍者即物可徵人情矣夫魚與熊掌同欲何爲舍魚而取熊掌也物不可兼固有權於取舍者耶孟子曰夫人之情何嘗豪相遠哉有欲爲之牽則發之於外隨在初無同異而返之於內即物自有權衡其截然不爽者微之日用大致若一也今夫人生各抱一情大欲祇緣有我無端而想一魚焉我欲之矣想一熊掌焉我亦欲之矣欲之之所存何必於魚與熊掌何必不於魚與熊掌物之圍我而爲所欲也誠若是也乃未幾而欲魚之我欲不在魚矣欲熊掌之我欲仍在熊掌矣欲之之所注何擇於魚與熊掌而

下段自在言外

必有擇于魚與熊掌我之所欲而不啻兼欲也又若是也奈何以
故謂是二者可以得兼偶焉舍魚而取熊掌也則當夫二者不可
得兼亦不必決然舍魚而取熊掌者也謂是我舍我取者非我所
欲適然舍魚而取熊掌也則凡為我舍我取者均我所欲亦未見
斷然舍魚而取熊掌者也而今試於不可得兼之時以觀吾人取
舍之準魚與熊掌可曰任我取舍耶使當舍而不舍當取而不取
原非有大權於我而一舍一取不可混也誰則禁其取而魚固舍
之矣誰則禁其舍而熊掌固取之矣魚與熊掌豈曰漫無取舍耶
使當舍而果舍當取而果取原非有實權於我而舍之取之不容

清也。嗜為使之舍而魚已不之取矣。嗜為使之取而熊掌已不之舍矣。苟不必取熊掌，何為必舍魚？苟可不舍魚而獨取熊掌，一較

○材○下○大○看○出○在○面○○陶○鑄

量焉，而欲魚之欲不知其何以淡也，欲熊掌之欲不知其何以深也。設熊掌可以不取，魚自可以不舍；設魚未之能舍，熊掌又何以能取？一裁決焉，則舍魚而不遂其欲，我無憾也；取熊掌而遂其欲，我始安也。豈非同焉所欲而二者不可得兼，我固取舍分明較然

○清○作○意○

不昧者哉！然則我身中何一不當作魚與熊掌觀也。

注定下脉，凌空盤折，自無著相語。陳亦韓

妙取對面意寫本面，而通章大指盡從冰壺四映中在中攝此

鑄才早赴玉樓之召，安得深為乃翁觀書之嘆息也。

魚我所欲　二句　　李　炯

即所欲之在於物者。而可以識同然之我矣。夫飲食、欲之見端也。魚之欲、推之熊掌而盡此不可以識同然之我乎、且吾嘗怪古之聖人。自處於無欲。而反以欲教天下也。制爲網罟。以佃以漁。率天下而驚於嗜慾之事。何哉。不學俱欲之物。人有同然。無聖人以致之。而亦油然其自動也。今試思天下固無不飲食之人也。則我亦何必諱言欲哉。陰陽之產。常與人意相權。口之於味。欲也。而性存焉。必反其所甘。君子不謂其黜欲。而謂其滅性。嗜好之私。亦與情微同。契物之懷。口欲也。而情鍾焉。至形之咏歎。君子不謂其狥欲

孟子

而謂其適情是故食之美以魚為斷而凡所欲之旁及者皆得以魚概之食之美至熊掌而極而凡所欲之未足者亦得以熊掌厭之造物之厚滋也既生魚復生熊掌若明知我欲之難饜而特盈其量以相加而我之欲遂躊躇而滿志也世豈無終身疏食曾未有魚與熊掌之供者乃親嘗焉而欲虛擬焉而亦無不欲則是欲在物而所以欲固在我也蓋我之欲先魚與熊掌而具者也造物之貺我也既有魚復有熊掌若惟恐我欲之專注而故分其品以相招而我之欲且兩利而俱存也古亦有寄情羊棗偏出乎魚與掌之外者乃獨嗜焉而欲豈同嗜焉而反不欲則是欲在我而

一以欲仍在物也蓋我之欲即魚與熊掌而具者也無魚興刺矣不聞致嘆於無熊掌則難易固殊耳然見為易而欲不加增見為難而欲不加減篤於欲者不知有難易也天下之一往而深者有如此欲也夫胹熊見誅矣不聞致貴於烹魚則輕重自分耳頋物無輕不欲則輕物無重欲之則重動於欲者未暇權輕重也人心之並域而居者有如此欲也夫當其有魚不計有熊掌當其有熊掌若忘有魚欲固隨所值而互為主欲熊掌之欲魚發其凡欲魚之欲熊掌盡其致欲又緣所感而兩為形蓋自二者難兼而取舍之分定矣

題中兩欲字即下文本心影子文從此處批郤導窾遂恢恢乎其游刃有餘地矣　彭芝庭先生

照定通章因意靈雋與正希先生作同此冰桃雪藕不比婁君卿五侯鯖也　戴承吉

魚我所

魚我所欲　欲也　　胡紹安

所欲之非一端也、徵諸物而已然矣、夫魚與熊掌不同、而其為我所欲則同也、孟子故借是以驗人情乎、若曰人之為人、而有無所欲者乎。人之為人而有所欲祇一端者乎。第令欲與不欲胎然而易辨者。固不足道也。惟是所欲之物。衆于所遇我之于所欲之物動于所欲。則凡物而苟有可欲。即不得謂欲之有異情矣。夫物之欲焉者必其嗜焉者。嗜焉者必其習焉者。人有佳餚在前日習焉而反弗饗者矣。（吷合正齊）饕餮也。非常也。而本念不以遂淡也。則夫所欲之物之可指而數也。所習也。凡物之欲焉者必其慕焉者慕焉者必其珍焉者人有廢

選　孟子

在御同珍焉而有獨秉者矣熊蹯也非魚也而恆情不以遂捨也則夫所欲之物之可指而數也從所珍也魚其一也耶即未偹夫魚而言及于所欲應未有外魚而先及者也魚誠有移我之欲者匪謂魚之外遂無欲而我顧欲魚者也然未者非他人我也熊掌又其一也耶即未偹夫熊掌而言及于所欲應未有外熊掌而更及者也熊掌誠有致我之欲者匪謂熊掌之外遂無欲而我顧欲熊掌者也我未者非他人亦我也假而就所為魚也熊掌也而以辨我之性以爾毋欲是我必弗然假而就所為非魚也非熊掌也而以强我之情曰爾姑欲是我亦弗然然既有魚矣何又有熊掌天之生物以供人甘

者也則何不棄以尤者付焉以篤其慕而生魚獲生熊掌使之臨淵
而羨者復入山而求也而既為所欲要亦弗之有厭也且既有魚矣
（妙論）（反照舍魚取）
覬似可以無熊掌人之羅物以薦之俎羞也則何不棄以易者致焉
（熊掌）
以適其口而羨魚獲羨熊掌若既問諸水衡者仍復煩爾虞人也而
既為所欲要亦弗之有去也即魚固我所欲矣時而又欲熊掌而固
（適趣不符兼舍）
非謂魚不在所欲也熊掌特以分魚之欲也于彼于此之間固生人
大欲所存也即欲魚又欲熊掌矣就令魚之欲或較便于熊掌之
而固非謂有欲有不欲也魚與熊掌盡以給人之欲也于彼于此
而又斯人之羣欲所聚也其如不得兼何

粗圖鬆快着手俱靈後四股洗發亦字逼取下意股末却只平ミ

妝任敏妙尤無匹也

淡雅足勝体寧

魚我所　胡

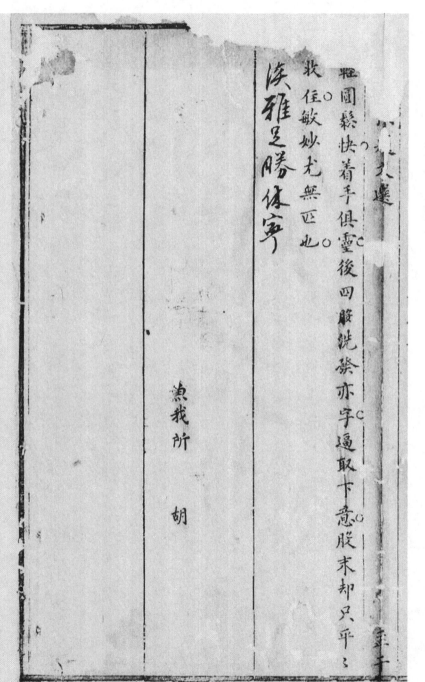

魚我所欲 二句

江蘇景宗師歲試
吳縣學第一名 施源

情有不容誣者，可即物而遞舉所欲矣。夫所欲亦常獨在物，而物先足舉也。魚然而熊掌亦然，何不還念著我耶？今使概沒夫悅口之一途，而明此中必無所欲，則是矯我情而適以自誣其情也。（千○睢○月○境○眼○光○四○射）惟世味所投，若設一淺深者而遞為試，斯已情所動，亦戀戀一先後者（注○定○赤○十十三）而益為嘗。嗜好紛乘，有出于始欲所不料者，常得曰姑從其朔也。（空○際○八○十○力）今自天下有可欲之境，而我因有欲之之情，此固不待近者焉為口腹計也。（說○題○斷○成）顧頤養亦自關性命之精，而物類均足屬生人之好。彼若庶品類以給羣生，而物産可容易嘗，嘗當所珍以相獻取攜者

弗至便也羅美好于當前各扶其待饜者以與我相引誰能繑

芊投而厭氣躍而躁

前所好而克淡其情吾之有口酣以飫衆味而膳羞是奉猶若芊

所嗜以為投嗑嗑者寧或有窮也驗奇珍于同嗜我又擇其甘食

者而與物為緣更何能強偶爾所供而遍盈斯頤而維時之適當

我前者已有一魚也夫窮我欲之之懷一魚豈足以稱滿厭而釣

水可餐已得問彼舟綫而無嗟星罶夫然而我心先為怦怦動也

雖文心歷落大氣盤旋

是所欲也而無如物之相因而至者後有熊掌也未有熊掌之前

我意祇有一魚而既有魚以後我意詎忘熊掌大晉侯登臺胹曾

縣瞞飛動

不熟楚宮伏甲蹯亦請嘗我獨何心而不怦怦動也亦我所欲也

備穿人情鑑如入後
天下惟屬饜之情一起而宛轉相乘則於他物之閑情倍摯令夫
有魚以前先得此熊掌知將俎堪登祇戀戀於獸人之弋取而無
如覩我朵頤者已有一魚也將徧窮所嗜言魚而未必其無加而
罕罕斯珍言熊掌而或苦其難致當膾鯉方歌而何意紛沓而來
後有是殊品而陳於我側因不覺色動神飛嘆熊掌之尤快人意
側敢亦守
也而語傳其象幾並設一魚與熊掌之觀天下惟適口之意方開
而紛紛錯至則于當前之屬念何涯今既有魚以後而竟無此熊
掌知刀匕是供祇沾沾于川澤之纖微而無如自求口實此日後多
一熊掌也將謂我情不甘佳味則并忘熊掌何論于魚而謂我

近科考卷雅正集　二百六

近科考卷雅正集　二萬六

撈悦惕烹則既偶於魚寧忘熊掌當彈〻無識而俯　相因

復有是珍着而介于我前固不覺點端徵商嘆熊掌之未〻九有法

急讀纏綿神遊靈

也而意繪其形并难判一欲與不欲之勢而設也不可得熟二杙

食取赤出

將何所取

函蓋下意破空而入題中數虛字神理動宕筆端秋水澂下其豪

鎚明珠耀其墨徑　龔欣書

魚我所

魚我所欲也　四句

江蘇張宗師歲入
崑山縣學一名　陳四維

欲同而取舍異于物之尤美者固然也夫魚與熊掌苟可以兼得、挾所欲者大快也、不得已而分取舍舍魚取熊掌不已有同情乎、且天下一幻境而已矣無端而忽有我無端而忽有欲無端而忽（凌空起意。如大海掀濤）分取舍不知其何所據而然也、雖然、要豈無據哉其似乎不可據者即其實有可據者也吾蓋熟驗人情設身處地而知此情大可（明醒）據矣則試還問諸有我者乎一於儔類之中而獨尊之曰我則我之（晉根）有欲宜乎大異恒情矣而以公共之欲而獨引為我之欲則我而有欲宜乎惟其所欲矣人世不可必之事豈必于其鉅哉乃我有

所欲苟拂乎所欲鮮不艴然不悅矣彼殆謂我所欲者果係操券原評意舒而遠宕縱逸神有餘
（地）可必而今大失所望乎則盍亦告之曰天下本無可以相償之欲
也人世有可憑之境寧可恃以為常哉乃我有所欲苟不能大遂
所欲又莫不慊然不樂矣彼殆謂我所欲者猶是力可自致而今
茫然失據乎則盍亦語之曰我之所欲即兩物猶難相兼也我亦
嘗有所欲矣有所欲即將有所取未快我之取即未快我之欲也無懈緣漾
而我則何如我所欲且不止一端矣欲不止一端則有所取以遂
我之欲者亦不止一物不能為我所兼得即不能為我所兼取也
而我則何如此其間正可以驗凡有我者矣正可以驗凡有我者

之于其所欲矣使于此而曰我寧一無所取也是矯情之論也夫我既為不能無欲之我而何妨明言其所欲取抑于此而曰有所取必不容有所舍也是强所難必也夫所欲既有不能兼得之勢而何妨還問之凡有欲者之我魚固美熊掌尤美權于二者之間反之欲得之懷舍魚取熊掌此豈一人之私見哉嗟乎因我因以有欲有欲遂分取舍之幾欲與取舍洵非無端而忽有也誠我則為發端之始也獨是物類何知而頓日出以供人取攜以快人之大欲也哉故我願凡有我者一思之而已

（無筆不写大）（只一點）（原評筆遒竟清警圓）

識得孟子全神所注領取精微超脫靈動 原評

引起下節如詩家之興體拙手乃將兩物認真比勘直是癡人
前說不得夢矣言此注彼淡遠空明清光炯碎　芳三

引起下節如詩家之興體拙手乃將兩
物認真比勘直是癡人前

黃元溥

魚我所欲也

丙戌　劉青藜

即物以驗所欲，魚固其一也。夫我不能無欲，則魚固非不可欲也。而所欲獨魚乎哉。且吾甚惜人以能用情之我，而過一彝帶可嘗之物，即流以焉引以為己好也。然因是而為撟情之說，曰此所嘗者欲，非我所嘗，則人屬恒情之所難，何也？我之所嘗，固非能遽淡其情者也。則請得與人言所欲。人情每厭乎其常，常有者我或弗欲焉；而既有需之以樂朝夕者，本非希有之奇，將早卻之，而我心未歆。人情每忽于所易，易致者我或弗欲焉；而亦有得之不至矣養者，雖非難致之數，將驟斷之，而我顧方歆。即如物之有魚，亦初不謂非我所欲矣初念而以為可欲轉念而復以為可欲則誠大可欲者也魚之於我何如乎思及於魚而我之欲即有殷然而動者此亦初念之所及也而已不可謂我[illegible]之弗動也淺嘗焉而覺甚何欲深味焉而尤見其可欲則為真可欲者耳我之于魚何如乎幸值夫魚我之欲即有忻然而慰者此亦淺嘗之所得也而已不可謂我欲之弗慰也蓋山澤之產非有終窮而釣于淵鮮可食則遂若魚之外俱未暇他計頤養之經實多得失而登于俎也可供則并存魚之內亦未及深求然則我有欲而魚果必以欲致乎夫三星在罶其民未始無欲也而何以悲鮮飽也是知魚雖常味主

之。亦若有數焉。而貪者為瞻淵之羨。悲思者為緣木之求。何適之將

則甚慮夫欲在我。而為魚所中也。然而一魚果足充飢否也。一旦

矣我欲魚。而我即可以欲遂乎。夫潛者于淵。其欲不且甚奢乎哉

轉以傷竭澤也。是知魚雖微物。得之亦自有道焉。而漁無魚者乏

食于餒門。泣前魚者。希恩于羨。何淵淵欲則甚懼。夫我有欲而

常濟于魚也。然而我欲果已盡于魚否也。進而思之。不更有美于

魚者乎。

遠照含生取義。近注熊掌。尤欲句間字轉。靈敏生動。庸手定發。

魚字設色矣。固知工于文者。不在詞之麗。而在意之靈也。張譽興

（反跌含蓄字）（紐合紐生字相照）（寫欲字）（切義字）

題是借影下文語氣寫便非文乃業業閑動閑此等題無數法

門人張履安

魚我所　劉

微子去之　十一章　丁卯　蔡寅斗

觀微子一篇。而知聖人仁天下之心焉。夫子之表三仁。即以自白也。不然。何以所往輒窮。不安隱逸而獨惓惓于周魯之盛時哉。且人才關於世運。豈偶然哉。咈耋遯荒。商家之所以滅亡也。尊賢親親。周道之所以興隆也。洎夷以至春秋。賢才多已散去。雖聖如孔子。而亦不能用。至使於皇垂老。棲棲意東周。則道彌窮而心彌苦矣。哉孔子生魯之季。丁周之衰。而考其系。則殷人也。乎居闕兩朝。眾裔之故。蓋未嘗不三致意云。而一日忽忽有感于殷之三仁者。何哉。誠有以窺微箕比于不得已之極思。而一去一奴一死皆

動于其所不忍也嗚呼惟有以知其不忍則知夫宗國之說不可

即○鼓○合○字○中○有○通○会○了○也○若○持○在○離○

忘君臣之義不可廢即當大無道之世而欲維持而變易之也而

毒○絕○　以物下○一章

我孔子終身以之亦用是卒老于行矣〻背之先有部下患者亦孔

為　子之同調也然而處惟自度其身無濟天下之權故守貞道而三

請○接○後○此○上○等○略○有○済○力○

黜不去孔子則欲以直道易天下是以于魯不可則若齊若楚若

此○竟○景○五○章○

蔡諸國皆必有車轍馬跡焉迴念此數十年來齊君季老而耄及

冷○事○寔○

楚接淅遂行急相受饋而旋朝聘□出走中間僕僕於楚蔡之郊所

畫○山○疊○了○些○大○

遇若接輿沮溺大人輩畢齟齬不相入而躑躅下車淒涼間波以

若○

至郢鄢間失岐路蒼茫而此世上道易天下之心終以大義之無

重柳下字一劍 以逸

所逃而不忍以一日巳其不忍何也曰仁也藉非然者甲逸民之

民而童爲拉雜云

旁蹶姓氏長吁慨望固之無人伶官高蹈易曰天地閉賢人隱古

今達者其知之矣而頌猶以無可無不可者宛轉于酒々之天下

蓋落如休我之楚海 歎周有

哉爲孔子與周之念極不忍忘身遐想周之盛時元子出封忠厚

而々爲禍窮

開造邦之始一門濟美師摯徽王國之祥當日之氣象固何如者

而遂使賢人隱逸皆士流論一至于此々黍離之什所以變麥秀

慮前叔適前忍之

而與悲也而謂我孔子夢寐周公之志共懸一日巳乎一嗟乎三仁

叔拾遂爲絲淚悲留此天可以

去而殷墟八士生而周職亦古今得失之林也天而既厭周德矣

即孔子亦安能易之乃七十說而不遇至歷序逸民隱士若而人

近科房行書菁華 論語下八十七 微子去

以自附于微子三仁之後則君子其悲夫後之覽者亦將有感于斯篇

題之情事皆文之波瀾大之節奏即題之脈絡化不可為之境

歷會詹

如觀小李將軍海天落照圖帆檣出沒烟水蒼茫令人神怡心曠

鄒曉嵐

欲正其心 二句　　曹一士

欲正心者實其心之所發而已。蓋意者心之所發也。於此不誠。心烏可得而正。故大學以誠意為先務也。且經言修身而推本於正心。則當夫思慮未起。操存涵養之功。固有所不可畧矣。然豈無

題前補此一層喫緊

持其無者乎。夫寂然不動者心之體。感而遂通者心之用。統乎性情以主于一身。心固本自正者。何自而有不正之弊與。蓋貫動靜之謂心。乃靜極而動則為意。通有無之謂心。而自無之有則為意。是故心之本正而有不正。由於意之當誠而有不誠。湛然至虛吾

切定傳意

心中萬理咸備也。由是而有意焉。使其少雜乎私。則為善必不力

寫出意與心關切處

去惡必不勇積之久而至虛之內外物得而實之而湛然者不可
復得心之體何由正乎。瑩然不靈吾心中萬事所應也由是而有
意焉使伊流於偽則吾必不純去惡必不盡積之久而至靈
之舍人欲符而窒之而瑩然者不可復見心之用何由正乎。甚矣警
欲正其心者必有所先也非誠其意焉不可。意之所及無窮萌乎

切得真詮時文卑在初發端處說者誤也

已而為德動于世而為民引伸于人已而為至善心之所流通皆
意之所運者欲正心者著誠去妄之思非苟發之必允端之而
以己之念慮用己之精神斯可矣。總之所該甚廣內而度夫一身
外而籌夫一家遠而嘗夫則與天下心之全體所能涵皆意之全

之危地而安者其安可久也向者于明德之止亦第遥望焉而輿其安耳今則閱歷于蕃變之交而皆形其寧謐其神常固其氣常舒何所窈然（自得之樂）高天厚地之間人將謂知止之效至此而無餘矣乎夫安者知之所為可居非知之所為可權也吾為入大學者幸焉此固其已然者矣向者于新民之止亦嘗隱企焉而恐其未必安也今則出入于物我之際而倍覺其從容耳目自暇手足自寬何弗各適于進退周旋之頃（日進之休）人將謂知止之效至此而究極矣夫夫安者止之本無急遽非止也不妨苟且也吾為入大學者思焉此殆有進焉者矣至于安而能慮而知止者不可得止乎

金和玉節。正始元音。方雲阜

此黃陂先生十有五齡作。嗃矢也。脉細神恬。一絲到底。依然先正典型。其家典文先生評云。切要處能以一二語當人千百。又稱幼學時即寢食唐宋大家。制義獨宗歸胡。於此已見一班。

。安蕨身心說本之輯釋趙東山。張赤垂

安

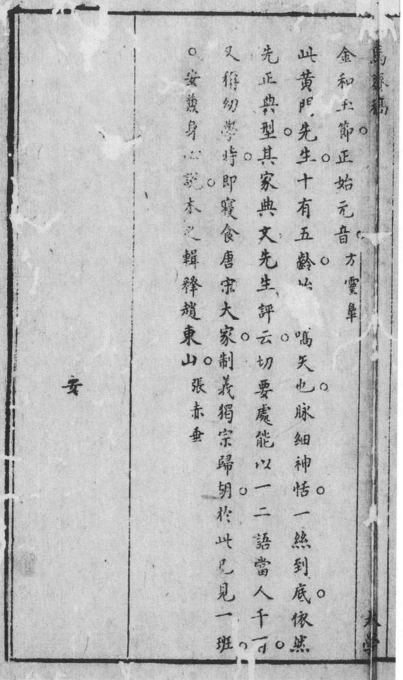

欲以所事孔子　江漢

番禺學一名　何文熺

欲事聖於似聖之人宗聖者先以江漢喻焉夫以事孔子者事有若是但以其似聖也宜曾子以為不可而先借喻於江漢乎且聖人一出○而天下咸師事之○故說者謂人之學聖○猶百川之學海也○若夫聖人已往○而事聖者乃更欲事似聖之人○雖不忍忘聖之心乎○而迫於情者○或不無曲就之思○衡以理者○早先切望洋之想矣○如子夏子游子張以有若似聖人○豈有若聞善言見善行○亦似孔子之若決江河乎○豈有若蓄道德能文章○亦似孔子之倬彼雲漢乎○何事孔子者乃欲移所事以事之也○泗水之高風已杳○而諸賢以為有所事○則見吾友不啻見吾師也○淵

源如在共切欽崇矣在川之寄慨難聞而諸賢以爲有所事則友誼尊猶之弟道盡也挹注堪資同柏追慕矣其欲也不忍忘師之心也獨是聖門諸弟能言孔子之言者莫如有若而能傳孔子之道者莫如曾子使事之而可也曾子亦何待彊哉而何以曾子之切切然以爲不可者一若事之之意雖殷而窺其淺未測其深不可也一若事之之形雖肖而沿其流未溯其源不可也夫不思道岸誕登堪挽狂瀾於既倒者非孔子乎淵泉時出迴異溝澮之立涸固非孔子乎曾子曰吾念夫子吾思江漢矣江之永不可方而曾子之取於江者固非以其永也憶昔涵泳聖涯共仰細流之不擇今卿音容莫覩覺聖道之一私不雜者不同於江正可藉江以顯也則何不於岷山發源之始而一

者不同於江正可藉江以顯也則何不於岷山發源之始而一想其湯湯也已漢之廣不可泳而曾子之取於漢者亦非以其廣也憶昔沾濡聖敎有同觀海之難言今雖模範難親覺聖道之萬古常昭者不同於漢正可因漢以昭也則何不於嶓冢分流而後而一觀其浮浮也已蓋孔子之德猶之濯以江漢者也而乃以有若當之不亦河海而行潦視之乎而不但已也

輕靈圓潔融洽分明

欲以所事孔子　江漢　番禺縣學　黃永業

商所事者昧聖之真大賢先譬以江漢焉夫孔子自有真而以有若例之誤矣曾子所為直決其非而先譬諸江漢乎且學者得聖人而師事之則遊聖門者難為言何異觀於海者難為水哉若乃景慕維殷漫擬依歸於吾黨雖亦不忍忘師之心所迫而致究之求聖之似轉致昧聖之真是以商所事者雖切仰止於高山而核其品者早欲借觀於流水也如子夏諸人以有若似聖人抑思有若亦事孔子者乎夫門人之於孔子也猶江漢之朝宗於海也即有若之似孔子也亦不過河海之於行潦也而乃欲以事孔子者事之乎洙泗依然也而淵源莫接奚翅江

之永而不可方乎不謂同堂附和竟以吾徒笑貌上擬杏壇滄浪莫詠矣而流澤孔長奚翅漢之廣而不可泳乎不謂雅意追維乃以良友風規視如函丈欲以所事孔子事之其不忍忘師之心豈有所彊而然哉雖然春秋之有孔子超往古而越來今者也緬維有夏有決漢注江導河注海之聖人焉不聞與孔子匹休也亦越我周有澤及汝墳化行江漢之聖人焉不聞與孔子媲烈也此生民以來未有盛於孔子有若所為望洋而嘆乎而顧以有若當孔子乎宜乎以是彊曾子曾子直決其不可而先有懷於江漢也溝洫川澮其涸無難立待也若江漢則有本矣源則發於岷山派則別為漾水雖與孔子之本源有異而正有可借以相形者彼昧於所事者曷不挹洪波之浩渺而懷東

國之遺。徼澗溪沼沚。其細不足比數也。若江漢則無涯矣。浮浮
何以致詠。滔滔何以興歌。雖與孔子之流派有殊。而正有可取
以相證者。彼誤於所事者。曷不緬巨浸之蒼茫。而想譽曰平之令
範。以是濯之。此孔子所以不可尚也。豈與所事之有若等乎。
波瀾壯闊。縈帶自然

孰爲夫子

（劉辭力確解）

不與論知與不知聞其稱己如不解矣蓋夫子之稱丈人自不欲辭也又何論知與不知乃嶄之哉昔子路遇丈人而以夫子爲問蓋高人之耳其不欲聞此稱也久矣一旦無因至前而殊以爲可駭甚也故不還與言知與不知而先責其勤四體分五穀（從此頓解）既乃徐舉所謂夫子者而逆以詰之也（突入上古文奇響）曰吾不意今之天下猶有所謂夫（轉無而来）子者也子不見夫秦人乎子不知耕婦不知織秉馬從徒安坐而食此亦天地之委形也而且曰夫子也（一佛）吾今將告子爲知吾固無從而知也子自有子之夫子乎吾無與也吾即欲告子爲不知吾（此意逼孰爲更緊）

亦無從定為不知也。子自知子之夫子。吾將奚執也。而子且曰夫（再撫）
子也此在子藐衆論而定一尊意所耽耽焉而不能一刻忘者獨
有一夫子而在吾遠塵囂而齊物論意所落落焉而殊不設千慮
（了題）（從夫子一字忽開異境天風海濤雲垂）
者竟不知何者為夫子。教行千世仁義足而風俗醇天下皆登名（山立）
世之衽席焉此天作之師所以相上帝而敘佑下民也今而曰夫
子吾不知子之所謂夫子者其將致君堯舜以興教而覺世耶抑
（知此說來乃知上兩句呆不倫不類致有深意）
猶是創殘饑竊之餘張虐熾以互相標榜也道通千命天地位而
萬物育天下皆受聖神之裁製焉此修道之教所以參三才而助
流化育也今而曰夫子吾不知子之所謂夫子者其將浥化鑊契

以與道而欲治耶抑猶是荒江虛市之間率徒從以坐靡廪粟也則吾誠不解汝夫子胡不自北胡不自南偏以其無定之行蹤經歷于此以重溷幽人之心也則吾且還問汝于夫子胡不自我先不自我後偏以其窮途之愁緒突來叩我以大驚野老之聽也夫同行相失孰途人而問之常也頗所謂夫子者途之人寔未之前聞或者前途有不勤四體分五穀者其必知之矣予休矣余方有公事

子路之意甚急丈人之意甚緩先責以不勤不分而後以夫子反詰之似脫似連似對似不對似奚落孔子又似譏切子路但

領上二句而詳味之。便覺即離之間。神氣正遠。不是辭之以不知。亦不是知之而故推以不知也。若如錢謙益作。則上文二句竟可刪却。而子路亦直可去也。又何事拱立耶。領取文外之意。使上下神脉隱躍可通。乃得此題真竅。諦自注

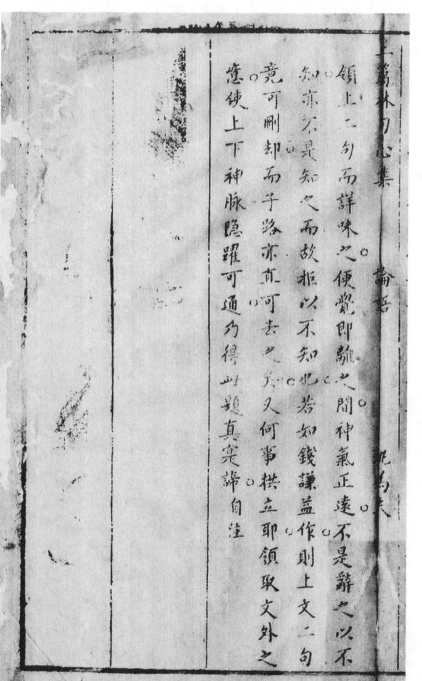

孰爲夫子

王步青

訝行者之所問以其非所樂聞也蓋夫子之稱丈人久不槩於心矣宜其既責之而直欲置其人於弗論乎想其荷蓧而言曰有是哉以予老於田間甚無顧靡〻行邁世有吾子其人也蓋吾方一望而知予所從來不堪深詰矣若之何以不入耳之言卒然叩我也四體則不勤矣然且若馳若驟棲〻者殊無已焉五穀則不分（從上二語引入題句妙在即離閒）矣然且若狂若惑縈〻者殊難釋焉嗚呼予乃今失爾夫子耶予（是荷蓧時情景）欲得爾夫子於我耶予謂我自當知爾夫子耶而不見我之方徂隰而徂畛耶而追計予之所亦步而亦趨耶大人長德之稱宜為

人世所矜重乃至於今而或號此邦之耆宿或推上國之儒宗彼

可發謂

行道之人何致胡而覓尾者皆是也衆世悠悠而猥欲博風塵之物色以矣其無足動高人之目矣褒衣危冠之態雅非閭井所樂親況至於今而徒爲天地之委形誰是生民之先覺試縱目而觀彼一車而兩馬者竟何爲也行踪落落而漫欲張標榜之虛聲已

元微語倫以淡言傳之

矣其無庸驚野老之聽矣縱在子也心煩意亂不憚執途人而問之子之欲得爾夫子或爾夫子自懸懸於子也而在我也田家作苦何事遍途人而識之謂我必知爾夫子豈爾夫子亦嘗知有我

從側面寫照正背挑鋒緊對

也姓氏帶之而突如以相叩奉先生之教不無轉覺其粗豪發言

不須矜寧爲以衆前挑野人之褐應亦無辭於兀傲嘻于徒矣吾
非能若爾之夫子含蓄以嬉矣（起下）
高雅不佻。此爲隱者吐屬。若一味掉弄唇舌。如何當得子路之
拱立耶。胡丹中
閒〻徐〻。似規似諷。與前後近脉遠神。無不一〻關注。作怠捨
語神氣便自索然。程澄識

孰爲夫子植其杖而芸子路拱而立　毛輝祖

以不知聖者諷聖賢者心異其人矣夫丈人非真不知夫子者諷之以孰爲而芸以示意宜子路心異其人哉且從來忘世之與濟世相異者在有心無心之際耳忘世者以無心而成高尚故雖偉人之姓氏渺不相關濟世者以有心而歷寰區故即逆耳之言詞觸焉有動而究之言之漠然者特以默示其情聞之竦然者遂已立呈其象則其迹若相拒也而其心之相契微已不勤不分丈人之儆子路非丈人之諷我夫子哉麟書既吐而後共識湯孫之後有聖人則有斯文之重任而木鐸廣宣亦知僕僕四方難求諸鄉而犂雲之輩乃鳳鳥

三

不至以來久付三代之英於䖏顥則值舉世之莫宗而轍環不已何如閑〻十畝自高其箕山潁水之風𤇺則以丈人為不知夫子丈人非不知夫子者也以丈人為願知夫子丈人亦非願知夫子者也三年期月匪我思存當過客之偶經而置身局外亦惟是芸茲終畝聊示優游焉跡車塵使我心惻當荅問之已畢而托足寬閒亦惟是一杖蕭然自成伴侶孰為夫子諷之〻辭也植杖而芸亦諷之〻意也悵追隨之未逮而有懷莫吐仍齟齬於途人聆函丈之云邉而岐路空嗟自踟蹰於日暮子路於此可謂須之甚殷而遇之甚踈者非然而莫謂子路之無心於丈人也從來泉石自甘之士每不與人世為

周旋況萍蹤適合之時而欲以峻絶之詞寓規諷之旨則其跡肆以倨者其人益涉以遠聖賢一體之誼原不以幽人相屏棄當詞旨偶乖之下而卽於拂鬱之内動欽仰之懷故其情廹以促者其氣則静以舒斯時也逡廵而卻步竦聽以改容其相對在寂寞之鄉其相賞在意言之外記之曰拱立殆與孰為之荅絶不相蒙而亦植杖之人意未及此者耳蓋聖人饑溺之微衷在當時共深其景慕而士各有志則黙喻其素者正不必顯指其人丈人清閒之況味亦非以自表其孤芳而意可徵恭則趨不相同者又豈必情之相左觀於拱立之後而止宿殷殷丈人亦非無心人矣夫子聞之而有隱者之嘆也意

深哉。

吐屬雋雅秀骨天成於法律嚴整之中自具蘊藉風流之致所謂

腹有詩書氣自華也

孰為夫子　而立

十五名　李因培

諸賢者意中之師皆得而彌致其恭焉夫夫子之名丈人或不欲知故竟事其芸也以柴報俾子路獨無見哉今夫名起於業之所受而發生乎心之所儀業既或殊則將訴夫名之所素昧而徵示以藝之所習勤而其人亦非非遠可忽也蓋於辭氣之流察其情貌之蘊而因以酌吾敬焉斯正不必急著其名也而鮮膿之況既非無心將京之餘弁迷無意即有如子路於立談之間問夫子而來丈人以不動不分之責也古者士人之跡起自田間負笈從師之為遠不踰乎閭閻寧其徘徊道周佇立以盼一塵之駕則將舉而莫忘其名當亦所

乙丑會墨

劍簡鷄笑也蕤蕤黍稷之下胡忽來佩劍而垂紳詩八十畝之歌達
者類作鴨于唱和之音聚同聲於踐樽寧復惆悵迷途執手而問前
車之轍則率爾而莫道其詳當亦所心非欲挽之間間桑柘之儔奚
取乎歛容而致肅故夫子昔子路意中之夫子丈人不識也亦丈人
意外之夫子丈人尤不頓聞也孰為之諸丈人直無情者哉意有所
景而乃有所詢誰實為若意所景者斯已會其指於不必詢而適德
音容早已付之度外焉已有所往而若有所迫疇則為吾心所注者
斯真淡其懷於無可迫而廻翔容與姑以洽其素業焉而於是傲物
消之情則其閒而尋師者之衷忽以識自子路他丈人則植杖而芸

也有然自文人視于路則拱而立也又有然貿然邂逅之頃芒一在前儒服在側悵怀岂必相左而緣夫當前欲致之一人遂不竟兩情背馳也野老何知方倚其而覩豐草之弗大淳失路忽動念而聽易耨之聲祇徊隴晦之中各有一蹲而不能滿志心目相接而神早與俱傳也豈復問一車兩馬遄臻於何所哉往还楚蔡之濱豈事有作息之安征夫無駐立之地惆悵豈必相契而假以莫知誰何之一周遂下意無情而摶漾也非耰則鋤蕭間之意象出風塵而可欽儀乎若愿諫翼之精神对樸心而可挹寂然相向以卞更不復言而既以相入貌若不屬而意已堪千古也豈必待姓字一陳追遡其從出哉

蓋人之不師也響荅之間而已為贊淇惟悍然莫知其所尊斯漢然自安其所事倚々杖屨任斯人之致敬而莫之恤也彼岸然在望者何為乎而既將窮夫轅一胡猶跳躑於野田蔓草之中而礼之可以感人也草莽之際而亦著德容惟默然受其所相入而渾然形去所當展肅々冠裳當斯人之禎徵而轉益欽也彼營々未輟者何人乎而既集肖茫茫如又何必縷悉乎泗水東山之譜故曰子路意中之夫子丈人意外之夫子也而丈人與子路一時之情形於不終遠而終異者乎

大總裁批　筆力一刻風格直騫

孰為夫子　　沈三曾

隱士意中無聖人、故聞所稱之名而若訝焉、夫以夫子之稱、而謾無所訴、丈人雖遇之、亦孰從而知之、宜其訝也、若曰吾自僻處于斯、長

（稍自占本位已為下文總若云字伏脈）

為農夫以沒世、匪惟人世之行事我所未知、即人世之稱名亦我所未曉也、乃今以流俗之奇稱、擾我山林之耳目、不亦異乎、如子之以

（先洗上一句托）

夫子問也、其為我相知之素歟、則必勤四體者也、而勤四體者不稱

（出為夫子）

為夫子、其為我從來之儔歟、則必分五穀者也、而分五穀者不稱為

（襯拱孰字）

夫子、孰為君、孰為卿、孰為大夫、其見稱于天下也久矣、爾夫子果安所稱乎、孰為士、孰為農、孰為工賈、其有事于斯世也素矣、爾夫子果

安所事乎而爾絕不爲之稱其姓而爾絕不爲之道其名而止曰夫（乎意超絕）子豈以我必知子之所謂夫子者耶否爾絕不詳其里居而爾絕不狀其形似而槩曰夫子豈以夫子為我之所素知者耶爾不見落落（吾寫熟字）行人中牽車牛者凡幾任負戴者凡幾往者往來者來而孰是爾夫子乎爾不見閑閑十畝間于鄰者茫茫人衆趾者有人作者作息者息而孰是爾夫子乎想乎于等類匹儔乎妄加一人以夫子之號則其（責的有理）號罔甚親也甚親者不當問之疏遠之人且于東西南北間私奉一人以夫子之名則其名又甚尊也甚尊者不當問之草野之士我知夫子乎我知夫子則夫子必知我今試問夫子以我而夫子知之乎

而我又安知其爲夫子而以我爲知夫子乎我知夫子則必先知爾
今試問爾于我而我知之乎而又焉知予也夫子已矣子其行乎余
也氏何謂之辭
將有事于田疇
於孰爲二字或罪其陋或追其神一嘗訊諷一嘗責倚語言斷自
近情恰是丈人當日口吻

孰爲夫　沈

孰為夫子　而立　　　沈志祖

不知聖者惟知耕，傲者傲而敬者敬矣。夫不知有夫子，何知有子路。其植杖而芸，情自傲也；子路之拱立，何以忽生其敬哉？且自出處分為兩途，而其意遂不相謀。然不相謀者，仍未嘗不相攝。笑傲烟霞，彼自形其鮮膩；雍容劍佩，此自致其讜恭。一時晋接之間，氣象頓殊，性情畢露，雖欵曲未通，而已各會其意於心藏言寫中。若丈人之與子路是已。知四體不勤，五穀不分，彼固知子路之所從来，與夫子之所自命也。乃且前且却，方竚立於田間，而若諷若譏，似忘情於酬答，遂漫應之曰：孰為夫子？夫子之道未隆也，而爲則

琢句工穩。

自然該括。

伏下易近纖巧，似此莊重，自是闈墨。

體裁。

闈墨從選　　乙丑會試　　尚友堂

闈墨從繩　乙丑會試　尚友堂

未嘗俱晦乃不意栖〻莫定廟堂無位置之地泉石更多遐棄之（詞旨深遠）思夫子之儀容難識也而踪跡何妨共知乃不意茫〻相詢師弟同為失路之人旁觀絶少關心之處斯時丈人意中固已無夫子也豈惟意中無夫子其目中早已無子路矣於是問者尚有餘情（鈎句妙）答者已無餘意中田有艸勿舍其芸晤對無心曷投我杖向者荷（運化中句徑落末句手眼獨高）之今則植之夫亦各事其事耳何繫乎夫子亦何嫌乎子路截然而丈人不知夫子〻路已心知丈人〻矣（入拍）頃刻周旋原無資乎整飭而子路未敢忽也對疎狂而不放覺攬轡踟躕惟見肅容不改一酬（雅鍊）對無多亦何嫌乎淡漠而子路不敢慢也聞異論而不疑斯停驂

延竚依然嚴氣常存則吾覘其拱而立云夫情每疎於意之所不

山鳥踈啼

融而意每悚於情之所忽震宇宙皆一情所聯屬而孤高自放遂

不免於無情丈人非不知夫子也直不欲知夫子耳希蹤箕潁妄

天葩吐奇芬

云洙水無巢由邁躅唐虞誰識尼山有禹稷寄其情於宇宙之外

遂泯其情於宇宙之中可植則植焉可芸則芸焉優游草野竊不

欲以無情之耳目忽亂之車塵馬足之間聖賢皆有意於維持而

聞言若驚豈能終置之意外子路非必有動于丈人也直因夫子

消息

而為丈人所動耳吾黨原無高蹈之風本自殊其臭味片詞具識

周流之素亦堪惕我隱微沒聖賢之意於不諒之評即以觸聖賢

闈墨從繩　孰為　沈　尚友堂

之意於無端之感不知其拱而拱焉不知其立而立焉綢繆方寸（入微）
直將以有意之矜持曲通於野老田夫之側斯時也無心者漠不
相知有心者肅然起敬念闕路之崎嶇殊覺中情邈邈芸於田者（題景題情曲曲繪出）
如不相頋立于野者自不敢弛覯桑麻之陰翳忽焉暮色蒼蒼迨
至止宿留黍二子並見勿謂子路之敬丈人即謂丈人之敬子路
也可勿謂丈人不知夫子即謂丈人深知夫子也可（餘韻悠然）

安放題句疾徐重輕都有紀律至還殺作色古致斑斕政如岣
嶁山碑字青石赤

劉士醇

孰爲夫子　而立

周植

傲世者不欲知聖人、適足動賢士之容矣、夫夫子之名、丈人豈弗聞之、而傲以不知、即示以農業能毋動拱立之容哉、且天生聖人、而世之聞其名者無不肅然而起敬以其動念與天下相關而不同一手一足之烈也顧平時身繫蒼生之望一旦名驚野老之心彼豈真爲昧昧哉量不與聖賢相倚遂不欲以人世之奉爲隆稱者逸幽人之耳而有心者玩其辭觀其業轉不敢泛焉相視者蓋其意念遥深矣丈人之責以動四體分五穀也斯時子路急欲叩者夫子設明語以夫子所在又奚求於丈人哉不意丈人復傲其

以意貫穿與勉強牽合者判若天淵

闈墨偕編　　乙丑會試　　尚友堂

詞曰孰為夫子謂習聞者主伯亞旅之儔而夫子之名足以驚人耳目也丈人無是心也夫遐陬下邑亦重儒修況尼山開萬古之（識解多高人一着）屯蒙豈四海傾心而一夫竟耳謂習見者秉耒荷鋤之事而夫子之名遂以駭人聽聞也又淺之乎視丈人也夫林壑山深亦欽音士況木鐸振一世之聾聵豈鼓聞四國而名寂一隅然則夫子之名必非丈人所弗知而遷焉相謝者蓋有微情焉情可示而不輕示也有深意焉意欲伸而不遽伸也想其優游隴畝以來出而作（寫植杖句與上句一串運題獨得）入而息目擊風塵之士日馳驟於馬煩車殆之餘而黄農可卜虞夏可期何僕僕者終無止境則其中情之大謬不然者欝而欲舒

矣忽焉以師儒之號來自道遂不覺怦怦欲動而不識不知幾等三古之愚氓抑其力耕自食以後山可採水可釣日親田野之趣又遑計夫東西南北之踪而耕雲不改犁雨如初其勤勤者遂成故業則其天懷之與人異趣者別有同調矣無端以師友之誼偶焉相觸殊覺漠漠無情而若諷若嘲忽露寸心之玩世植杖而芸（處處提掇最有）以畢乃事又奚所語於子路哉乃子路於此正默悟其情之所欲（篇法）示而徐會其意之所欲伸石門稅駕曾來孔氏之譏今之所見雖一農家者流而據云不識夫子則所識自可類推鋪敍人跡之區（拱立寫得丈：有）征塵弗及而服田力穡猶存不遑暇逸之心此其機之大可轉者

闈墨從繩　孰為　周　尚友堂

神帶上兩句亦極自然

也故言詞自聽其簡傲而氣象益著其嚴恭楚蔡迷津亦遭沮溺之誚今之所遇雖復倨傲鮮腆而猥云不知夫子則所知別有深情寛閑寂寞之濱綽有餘地而黃髮老成尚存不敢告勞之意此亦情之大可用者也故耒耜彼樂其蕭閒而衣冠我形其正肅蓋

收束整容

賞識在塵埃之表而作肅者不僅儀容投合在志氣之微而相晛者非關形迹子路拱立意謂丈人或非無情於當世即非無情於夫子也而丈人果油然動矣

位置隨題而其間縈拂聯絡自有春蚕吞絲之妙至用意落墨識解絶不猶人氣静神恬足徵養到

金子亮

孰為夫子　而立

十二名　周補

傲世者不欲知聖人適足動賢士之容矣夫夫子之名丈人豈弗聞之而傲以不知即示以農業能毋動拱立之容哉且天生聖人而世之聞其名者無不肅然而起敬以其動念與天下相關而不同一手一足之烈也顧平時身繫蒼生之望一旦名驚野老之心彼豈真為昧昧哉量不與聖賢相侔遂不欲以人世之奉為隆稱者逸幽人之耳而有心者玩其辞觀其業轉不敢徑為相視諸蓋其意念遂深矣丈人之責以勤四体分五穀也斯時子路急欲叩者夫子設明語以夫子所在又奚求於丈人哉不意丈人復傲其詞曰孰為夫子謂習

乙丑會墨

聞者主伯亞旅之儔而夫子之名足以驚人耳目也丈人無是心也夫遐陬下邑亦重儒修况尼山開萬古之屯蒙豈四海傾心而一夫充耳謂習見者秉耒荷鋤之事而夫子之名遂以駭人聽聞也又淺之乎視丈人也夫林壑山深亦欽奇士况木鐸振一世之聾瞶豈喆聞四國而名寂一隅然則夫子之名必非丈人所弗知而遽爲相謝者蓋有徵情焉情可示而不輕示也有深意焉意欲伸而不遽伸也想其優游隴畝以來出而作入而息目擊風塵之士日馳驟於馬煩車殆之餘而黄農可卜虞夏可期何僕僕者終毋止境則其中情之大謬不然者鬱而欲舒矣忽焉以師儒之號來自道途不覺憮憮欲

勤而不識不知幾等三古之愚氓抑其力耕自食以後山可樵水可
釣日親田野之趣又遑計夫東西南北之蹤而耕雲不改犁雨如初
其勤勤者遂成故業則芸天下之与人異趣者別有同調矣無端以
師友之誼偶焉相觸殊覺漠漠無情而右諷右嘲忽露寸心之玩世
植杖而芸以畢乃事又奚所語於子路哉乃子路於此正默悟其情
之所欲示而徐卸其意之所欲伸石門稅駕曾來孔氏之訊今之所
見雖一農家者流而與云不識夫子則所識自可類推銷声人跡之
區征塵弗及而服田力穡狀存不遑暇逸之心此其机之大可轉者
也故託詞卽隱其簡傲而氣象益潛藏於楚蔡迷津亦遭沮溺之

誚今之所遇雖復倨傲鮮腆而猥云不知夫子則所知別有深情寬閑寂寞之濱綽有餘地而黄髮老成尚存不敢告勞之意此亦情之大可用者也故耒耜彼樂其蕭閒而衣冠我形其正肅蓋賞識在塵埃之表而作肅者不僅儀容損合在志氣之徵而相覘者非關形迹子路拱立意謂丈人或非無情於當世即非無情於夫子也而丈人果油然動矣

太總裁批

有勁氣清脩然拔俗

孰為夫子　而立　周渼

詰所問而自勤所事、賢者心異其人焉、夫丈人即不知夫子、亦何至植杖而芸、乃子路弗嫌其倨也、且心異其人而拱而立也、令夫人意之相左不必其姓氏之相通也品之足尚不必其禮貌之交接也人固有淡泊相遭一若吾黨之姓氏可不詳禮貌所不計而獨於尋常問答之外微示其意於若近若遠或語或默之間而吾黨亦遂心異其人低徊留之而不能去如子路所問者夫子也丈人乃責以勤四體分五穀當是時子路第以丈人為農家者流耳萍蹤之乍合誠無庸強作周旋第以見所見而使得聞所聞何難

古質渾硬

彷彿其儀容急為前途之導旅次之倉皇諒决勿爍其踈略胡彼以急来而此偏以緩受豈慮片時之指示即妨吾斐柞之勞而孰意丈人則轉詰之曰孰為夫子夫不知其人視其友以子路之岸然道貌其號稱夫子者必屬望國之名儒乃毅色俱厲意氣逼人若訝其主名之誰屬而故為核寔之思似病其師弟之徒勞而微寓鄙夷之意其見與未見竟置勿論也則何為者也且見其植杖而芸焉夫夫不詳其師何至遽絕其弟以子路之孑然道左即力勤隴畔者亦宜心惻其行踪乃旁若無人逍遥局外若恐其言之過贅而無容越畔以謀且明吾業之安閒而遑計世途之阻弃子路

映伏無痕筆亦雅鍊

描摹如繪

最對工穩

之或去或留概置勿問也則何為者也斯時吾不能不為子路蹙矣師若弟風塵擾攘亦幾盡瘁不遑詎料旅況多艱竟至窮途之莫卹令且與田野耕甿欲為傾蓋之綢繆而若夷然不屑也將悵（看筆頭餘音韻繞梁）悵其何之矣乃斯時子路則且肅然起矣吾與子閱歷川途亦欲陰求天下奇士豈料田間逸叟庶幾古道之尚留今則以道途猝（迴風舞雪）遇忽接此落寞之襟懷而轉覺淡而可味也此殆非農家者流矣於是乎拱而立焉使第為畚野之耕夫則隨問以答正不必轉相（寫拱立句即從上二句披剝而出筆墨矜貴）詬厲耳乃詰以夫子而覺吾之突然以問者翻自嫌其踈率欲複詳其里居氏籍而又若强聒之無煩則古誼相繩而敢勿改容以

謝使第為無心之酹對或更端以進正不必過為簡傲耳乃植杖以芸而覺吾之攬轡從遊者彼已深識其由来而偏示以鑿井耕田獨享此黄農之歳月則寄托殊高而何敢棹臂以去然則丈人非輕吾子路也迹若拒之使往意實招之使來原非覿面而兩不相知而子路乃盖心異丈人也領深情於不情之地會至意於無意之中遂覺不言而神可相喻第見子路孑立於蒼煙暮靄中而丈人亦非復向時之落落矣

結束秀勁

心手閑適局陣錯綜落落寫来自有舉頭天外之概

孰爲夫子　而立　　十四名　哈達哈

不知聖者惟知其不異而可異也夫丈人本不知夫子何怪其植杖而芸乎然子路之拱立則已心異其人矣今以百世而下觀孔子無不知孔子者也而在當時在朝之人不知在野之人亦不知况邂逅相遇方有事田疇安能强不知以爲知則率然而問之恝然而謝之宜也乃恝然而謝之反肅然而祀之則固有相喻於不言之外者矣如丈人一見子路而即責其不勤不分斯時子路已竦然矣然猶冀其以夫子告也夫夫子非不可知者聞聲感歎荷蕢之謳有同心託鳳興歌接輿亦稱知已丈人杖者宜其聞之熟矣然夫子厭不易知也

列邦就政貌合者情離舉世誰究〻治變至大人若者其孰從而辯之盖一則僕〻風塵載天人之憂而無已一則閒〻十畝覩變旅之業而弗遑不相肖而相諳有不禁其耳与聲遇聲与心拂之致一則栖〻道途切拯濟之深心而难遂一則悠〻隴畔樂黃農之歲月而偏長不相知而相訪有不覺其口不謀人手不轂業之狀其曰孰為夫子告以直也如謂其聞聲而悟已默契其人於語言之表而姑以是謝之則曲矣由是植杖而芸不忘本也如謂其有托而逃欲進其人於逆旅之儔而敎以是儆之則末矣斯時為子路者聆其切直之詞覺其前問之失非從而謝之即舍而去之可矣乃拱而立者何

只想其從夫子遊今日東西明日南北幾忘人世間有此寬閒寂寞之境一旦身立田間而見其人異其業異其言畢而旁若無人也無一不與人異息遷之神倉皇之氣不覺為之奪矣言不與我相入心已與彼相迎神欲行而官知止亦情之不自禁者乎且其從夫子學而惘時為念疾俗為懷惟覺人世間皆腈常迎合之態今也伊人[illegible]目而此心同此理同其言質而貌與俱古也無不與吾道同剛方之概勁直之風不覺為之合矣在彼者縱不與為招在我者已默與為赴手容恭而足容重亦身之不自知者乎嗟丈人當日告以夫子所在指迷途其不遠謹謝容以前行不過一途人問答已耳何為肅然

起。敬。者。此。哉。乃知立談數語早識幽人於寤寐。丈人不知夫子子路

則。心。知。丈。人。也。迨芸事既畢。猶瞻劍佩於陌阡。子。路。既。知。丈。人。丈。人。

獨。不。知。子。路。乎。觀其止宿留賓而後知丈人亦有心人也。

一片清機神法俱到

孰爲夫子

荊琢

因問聖而轉詰焉、而賢者窮矣、夫特子路之夫子耳、途人而亦夫子之、照宜來丈人之詰耳、若曰、吾與子乍相遇而有以知子之不勤不分（無人指出）卿于子之所問卜之也吾寬不知子之爲誰也吾不知子子亦不知吾曷怪焉而不圖子之就吾而叩所爲夫子也子有夫子心目中固有夫子矣爾夫子有子心目中固亦有子矣設子一日而叩吾于（看筆淡遠）爾夫子焉則謂之何也而子且曰夫子夫子也哉凡人所尊各有其（冷妙）分處子之分而有夫子真所尊之一人也易其分焉而所尊未審何（尚）屬矣彼田間之侶父事兄事要各有所尊焉使盡向一未經謀面之

荊其章四書文　浩園草堂

指點真覺無可抵對

子而一一如其稱以相謂驟聽誰弗駭然凡人所親各有其黨為子之黨而有夫子又所親之一人也異其黨為而所親又了不可知矣彼隴上之夫主伯亞旅要各有所親爲使盡向夫往來行路之人而歷歷據其號以相加熟視誰弗綮然令吾釋吾所有事而執途人問之姑無論其有所不可舍曰可爲而得其里居核其姓氏幾幾有無一失自予叩以夫子而轉茫然也不知意中之里居姓氏將以誰當

入神　絕倒

之也抑吾因吾所有事而徧途人閱之亦無論其有所不能舍曰能之而識其衣冠察其狀貌斤斤絕不相混自了叩以夫子而遂惘然也不知目中之衣冠狀貌復以誰似之也予為我思之果孰為夫子

嗚呼今之舉措倉皇而語言失序者大都不勤不分之驗也於予何責焉

照起講收總收結

四面挾摘孰為之神惟恐一筆貌取便落描畫真是幽異無比　王遊一

筆筆傳神名雜以詼諧雅味欲減矣　王漢階

恬中一問閒中一詰至今絕倒非此妙筆不傳　戴田有

全就夫子二字摹寫孰為神情妙解無人拈出後二比從前輩名作翻出更極新穎　汪右衡

孰爲夫子　而立　乙丑會試十六名　許　菼

昧聖人者習其業，敬文人者肅其容焉。夫不知夫子爲誰，芸焉可矣。子路之拱立也，殆亦心折于文人之爲。云且人之知與不知何（起筆警）常之有，不知而貴味乎生遂，有不欲通之姓氏知之而作欽高躅（然恰好分都起語）忽有必欲攝之威儀。蓋巖棲谷汲之士，作苦自甘，必不肯以物色風塵易我素履。一自閱歷風塵者視之，不覺洒然其動容矣。子路以見夫子問丈人，以不勤不分責之。斯時也，子路方佇是于兩間（淡淡看筆妙如許雲之可龍月）丈人亦輟耕于隴上。丈人意中之事，非子路意中事也；子路意中之人，非文人意中人也。乃遂直起而答曰：孰爲夫子？習芟柞于西

疇滐來者鮮知名之君子爾夫子何人乃忽以瀆我耳乎孰彈冠

字秀致璜

予〻而來孰驅馬悠〻而過彼容何戚我志自閒也安能于露明風舉之餘停鋤以相訪集棲遲于南畝偶俱者皆無猜之野人爾夫子何人乃足以攪我心乎孰登車而懷利涉孰攬轡而志澄清彼自皋然我殊淡然也安能于耕雨犁雲之下釋耒以相答已矣

隨補隨點隨感有有致

無為以不勤不分之身來相溷矣予方有芸事予姑去蓋至植杖不願而丈人之意自此深也而子路之心亦自此折也今夫世故

中權融賞妙合自然

罔從之事非所例于高人言盡于此則亦不復更有言矣事嵩乎彼則不妨各有事矣世外相逢祇泛然而作無心之儔侶乃幽人蕭

洒之容寔見重于賢者覩其無言轉自悔其言之驟也觀其有事（年○冠○光○二）
亦深羨其事之閒也高踪可慕遂肅然而深如結之心儀而謂子
路于此能不拱而立哉凡人入世既久則脩詞必委折而多文而
丈人不出此也莊言相責絕不肯少出于繚綱則一問孰爲夫子
之言能不正容而恭聽凡人避世未堅則詆訾亦屢遷而多變而（下○數○卸○從○上○截○含○混○而○出○神○旅○法○密）
丈人不出此也食力爲生原不敢獨辭其況瘁則觀此植杖而芸
之態能不降志而飲形斯時也吾不知夫子何往而芸者自芸若
相爲于無相爲立者自立若相與于無相與蓋丈人與子路兩不（烟○光○瀉○而○茫○山○蒼）
可及矣迄于今過其地者猶想見兩人一倨一恭相酬接于青疇

緑壞間也

意到筆隨文成法立其通體秀藻正如錦帆過處十里皆香詢非名手不辦　廖古檀

川湧雲飛共飄瞥蘭茗翡翠相鮮新　程藻江

孰爲夫子　而立　　十六　許　嚴

眛聖人者自習其業敬其人者独肅其容焉夫不知夫子爲誰吾芸焉可矣子路之拱立也盖亦心折於丈人之高云且人之高与不知何常之有不知而素眛生平迷有不欲通之姓氏知之而作欲高蹤忽有必欲揖之威儀此其一偶而一恭者固相遇於人世應酬外也夫岩棲谷汲之士作昔自甘必不肯以物色風塵易我素履而一片風塵中視之乃不竟洒然其動容矣子路以見夫子問丈人既以不動不分責之矣斯時也子路方悖足於田間丈人亦斂耕於隴上丈人意中之事非子路意中事也子路意中之人非丈人意中人也乃

乙丑會墨

乙丑會墨

遂直起而答之曰孰為夫子習崀祚於西疇往來者鮮知名之君子爾夫子何人乃忽以瀆我耳乎孰彈冠于〻而來孰驅馬悠〻而過彼容何盛我志自閒也安能於露明風辛之餘倚鋤以相訪樂棲遲於南畝耦俱耆皆無猜之野人爾夫子何人乃足以撓我心乎孰登車而怀利涉孰攬轡而志澄清彼自皇然我殊淡然也安能於耕雨犁雲之下繹來以相詰已矣無為以不勤不分之身來相溷矣予方有芸華子姑去蓋至植杖不顧而丈人之意自此深也而子路之心亦自此折也今夫世故周旋之事非所側於高人言盡於此則不復既有言矣事尊乎彼則不妨各有事矣世外於逢祇從然而作無心

之儔侶乃出人瀟洒之容寔見重於賢者覩其無言轉有悔其言之一也觀其有事亦深羨其事之閑也高山可慕遂肅然而深如結之心儀而謂子路於此能不拱而立哉凡人入世既久則修辭必委折而多文而丈人不出此也莊言相責絶不肯少出於婉娩則一間孰為夫子之言能不正言而恭聽凡人避世永堅則託業亦屢遷而多變而丈人不出此也食力為生原不敢獨辭其況瘁則觀此植杖而芸之態能不降志而斂形斯時也吾夫子不知何往而第見芸者自芸者相為於無相為立者自立者相与於無相与蓋丈人与子路兩不可及矣

乙巳會墨

孰爲夫子　而立

十八名　郭成俊

不知聖者謝之決高風洵可敬也夫不知夫子而謝之似也乃植杖而芸竟遂人吾子路矣拱立之敬固景其高風乎而無窮之心寓焉已今夫四海之假遙皆聖人聞望所流傳即皆聖人志氣所傾注而意趣殊途幾欲索一解人而不可得矣顧古今無世情而非性命相對則其偶也相敬則其天也落〻者安其作息殷〻者達于儀容臭未即云差池而無心之酬對已隱然結儔類于有情勤四体分五穀丈人何以立談之頃而遽責子路耶孤特者幽人之情性宇内不㨂爲黃農則邁軸衡泌悉爲位置巢由之所出以知歷跡銷聲不緣姓

氏潛通舍業而附風塵之知己德隅者君子之藏身動靜俱清夫典物則南畝而疇亦可陳設禮讓之文此以知稟姿明決不因緐節厲流志而違葭霞之伊人孰為夫子丈人之㡯子路者何厲也植杖而芸丈人之自待以待人者又何簡也愬其埋照韜光久置世途于不問乃以不知誰何之人而咄咄相倡若欲課虛叩寂也問乍觧而情已遊遼撓其嘯傲煙霞之趣孰為云者若曰我局外人也爾夫子何与吾事漱流枕石自堪雲水之相親乃以不稼不穡之子而貿貿來前遂欲叩景彈響也聲乍通而情忽隔若污其岩棲穴[illegible]紫宜杖而芸者若曰我田家儔也子往矣毋妨吾農若此者丈人豈忘情

子路耶而子路正不能忘情于丈人抑丈人豈鄙夷子路耶而子路
正不能鄙夷乎丈人宇宙盛衰之數無以持之將受其傾目在同羣
同氣之中而沉冥肥遯在其人不過性情之自任在吾儒即為分量
之有虧雖欲忘情不能忘情也夫古今只此人才惟羣棄焉可惜耳
昔何以登于朝今何以遁乎野觧阜其不可復覩耶彼不少為怦怦
我寔代為惻惻心觸其緒而志壹神凝遂不覺乎自形其恭而足自
形其重氣化往復之故無以培之誰植其命独結耕雲犁雨之儔而
名山終老在天地不過運數之偶奇在聖賢即為享問之有憾雖欲
鄙夷不敢鄙夷也夫斯人誰非我与惟有志者堪共耳人何以歎吾生

乎吾何以失之覿面寅恭其不可復期耶旁观渾忘其向背寸衷自

尊其往来情動于俔而欽容肅氣如見其心忽為之折而志忽之可

降扶立之敬子路之意何窮哉蓋同類相親連而屬之可規方寸之

合苟介乎側而不相聞將分離之宇宙亦復何情耗無虛設積而致

之能观萬彙之通惟感于懷而儼若思魂忘世之襟期宛焉欲動宜

大人殷勤款洽也夫

大總裁批

情深文明天然古秀

孰為夫子　三句

乾隆乙丑會試
明通榜三名　陳雲樹

責賢者之問師、而芸與立之氣象異矣、夫子路固欲告以夫子也、而丈人則不欲知夫子也、然而植杖之芸不已感拱立者之思乎、今夫邂逅與人之際固宜拒則俱拒迎則俱迎未有彼為拒而傲我為迎而禮也。乃幽人不識至聖。偏有拒之之詞而賢者欽其異人。反為迎之之貌。抑何其一拒一迎於萍蹤適合中也。（声韵悠然）丈人以勤四體。分五穀責子路。豈諒子路之欲見夫子哉。（伏下澤跡）向道傍而請固欲指示之有人。假有惠告以夫子者。無論其辭之倨亦必承以貌之恭。則屬目以望。庶幾片語相加。足解鄉躅不進之憂。遇高年而問更期樸誠之可信。倘肯明示以夫子者。雖不必其心之同。亦可見其情之合。則傾耳而聽。庶幾握手為歡。用謝殷勤相詔之意。而不謂丈人復拒之曰。孰為夫子。蓋夫子者。尊之之名也。尊其德固素所常稱矣。然而彼一夫子。此一夫子。安知姓氏伊誰乎。況巍處乾坤。而岸然獨尊一夫子者。大遠乎主伯亞旅之號。則聞言之下。意所不欲尊。孰從叩其狀貌。夫子者。又親之之詞也。親其教固私所推崇矣。然而同堂有夫子。田閭無夫子。胡為倉卒以詢乎。況跋涉遠方。徒皇皇然欲親其夫子者。殊駭乎鋤雨耕雲之輩。則承問之際。意所不願親。孰從識其往來。其拒子路也有以哉。夫丈人之拒子路者已至則去而不留似足見相避之深柰何猶植杖而芸以示容與乎而子路之問丈人者已虛則言既不援宜不勝惆悵之嗟柰何且拱而立以相周旋乎吾於此想丈人之氣象焉離物而遊久已不關其念慮而閒閒十畝草宅為憂丈人固不欲自嬉也則芸者宜急然悠悠暇日攜杖而往丈人又可自如也則芸者亦緩急可由我也緩亦可由我也得芸斯芸之矣（總是植杖而芸）其目中固無子路也其意中又何論夫子也（廻抱有情）吾於此想子路之氣象焉劍佩而來無日不迫於風塵乃倉皇未定忽接世外之謦欬子路方悟其率爾也則拱立者靜而寂且旨趣不同頓起胸懷之恭敬子路亦覺其有

禮也則拱立者動而感寂在此時也感亦在此時也不期拱而向拱之矣其意中惟一夫子也其目中則別有一丈人也是則芸者與立者不兩相左乎彼芸者無心立者有意夫孰為之也兩人共對固已兩途以分處獨是夕陽易暮夫子不見子路其柰之何哉不意丈人又有止宿之舉也

本房師加批

首句重頓下二句對發相題有識而行文顧盼真如水天相涵空明一片表判整麗論策詳明乃困額滿屈於明通惜夫然大器必伸吾其拭目俟之

孰爲夫子　　賴之屏

以不知聖為辭者、其心非不知聖也、夫夫子之聖、誰不知之、而乃云孰為非真不知也、識之也、想其意曰、夫人苟素善平生、而一旦相遇于隴畝之上、則將舍業而道故矣、即或未嘗聚首言歡、而志合道同者、亦可緬懷容止、而想見其為人、苟非然者、吾儕小人、長為農夫以沒世、洵所為寡聞尠見、安能辨當代之名流哉、予之勤四體分五穀也、但見夫徂隰徂畛以俶載于南畝者、我知其某某也主伯、某某也亞旅也、但見夫有嗿其饁相慰勞于田間者、我知其斯為媚婦、斯為依士也、而予所云夫子、我詎知之乎、使爾夫子或停車隴上、與我歡然執

○德○肄○己○成○語○氣○圓○穩○知○

○此○○○○焦○云○勘○合○鮮○時○文○多○模○作○鄉○　通篇自抱兩不

字發意此處或及○可界耳

只是仕隱異趣耳

手也我亦知為爾夫子乃夫子驅車而往不知有田間之人在於意

中而我日見夫行路之人其為僕僕風塵者又何往來而弗輟也亦

大人不詳行義

何敢舍我餞鑄辨其與從而識所為夫子也者使爾或為夫子馳驅

[illegible]頭正妙下近

顧告以德容儀止也我亦知為爾夫子乃我負耒而往不復有行李

焦云文人原非不知所諷只此

之人在于意中而爾夫子日歷夫車馬之間其為栖栖道路者方且

每懷而靡及也亦何嘗通我以情好語我以姓氏而識所為夫子也

有蓋里巷嬉遊之輩一旦倉卒相遇猶有覥面相失之虞況我與夫

焦云今子路不得不

子之異地耶我之不識夫子猶夫子之不識我也本不相須之殷何

拱立

得不相遇之跡乎即公卿大夫之流一時志氣睽違猶有落落難合

之貌況上與農之異轍耶問夫子于吾儕猶之問吾儕于夫子也不知其所自來又安知其所自往乎在爾則稱為夫子我知夫子為誰在我猶不知予為誰又安知孰為夫子

孰為二字雖屬不然之詞亦是尋常問答語一出丈人口角便覺有孤懷傲致隱現肖字間斯篇可謂摹繪入化矣　王惟夏

題在四體云云之下比尋常問答似覺有別丈人、蓋以夫子道既不行而猶栖栖不已與已之隱于農者直氷炭不相入故不覺傲岸如斯耳文繫抱上兩句發論言簡而意嚴視游談無根漫相嘲訕者高下霄壤　澗川

孰爲夫子

科入平和縣學一名 賴長清

即所詢者而還詰之、亦非佯爲不知之論也、蓋春秋有孔子知之者多矣、而在丈人則或未之辨也、詰以孰爲夫子、夫豈佯爲不知者哉、且天下未有不相知而可强爲知者、則未有不相知而可强爲言者。乃以萍水遭逢、原非謀面之雅、而風塵邂逅、偏來局外之詒、是舉其人以相訪者、奚啻舉其人以相窮乎、不勤不分、在子固有然矣、然則子所從之夫子、得毋類是耶、一方類聚而物羣分、此道常昭矣、以子之次且、想夫子之舉止、諒非歌十畝之閑閑而傷行邁以靡靡者、然而我軀我理、未之前聞也、聲相應而氣相求、此清

閩中校士錄

所共矣以子之傍徨思夫子之意象諒非念巢許之踪而懷黄農之盛者然而莫往莫來實我之所未覩也顧或者驅車至止行與子還有子之詢訪焉庶可以豁然悟也則或者往來行人心焉數之有子之咨茹焉亦可以悠然得也而今何如也遐陬僻壤君子其髴嶷背來遊矣而夫子不慕此都以戾止我安得執手以周旋乎既絕信宿之歡（欵尚入情）孰知其在先生之列則音容杳而姓氏亦因之以秘矣忽經（另此已毫增一語便贅）幾閱不覺憮然其若失也過都濊國幽人久已不設是想矣我不作遊子之傷懷即夫子亦祗為征途之過客耳既不在追隨之班又孰知其負長者之望則晉接殊而孤芳亦轉因以

淡矣究如來洛實沓不知其所指也然則子可無煩再瀆矣子問夫子亦欲知夫子之所往不至岐路而趨耳乃今而覩止無從也寧得謂不虛所問哉抑子又可以徵我有咎矣爾有夫子即可追夫子之行踪不難數武而合耳倘此後會晤有日也寧得謂人實不信哉孰為夫子子其問諸知而夫子者於是植杖而芸矣噫此則丈人告子路意也乃說者謂丈人之言甚倨以為明知而不告為不知子路拱立之後丈人之待子路何如耶吾故曰即所詢者而還詰之亦洮佯為不知之論也

逸文翩翩　作小題而應以墨腔令人生悶似此踈情朗趣異

彼吚啞啁哳難為聽也

孰為夫子　而立　　夢麟

知聖者自托於不知、傲與恭已殊其象矣、夫丈人非不知夫子者也、答以孰為而復事其所事、傲孰甚乎、子路之拱而立也、固有心人哉、且志同者道合、以局中之姓字而謀之局外之人、宜其齟齬而不相入矣、顧既以返詰者致其顯為拒之之意而復不忘所事以自力於南畝、則淡與漠相遭、毋乃非人情不可近乎、而不知有心者正為之心折也、如子路以夫子為問、丈人乃責以不勤不分、斯時也在丈人則倚杖陳詞而道貌巖巖已露不情之面目在子路、則道旁立聽而子懷渺渺難安客路之風塵此際丈人相責之

落落自異

闈墨從繩　　乙丑會試　　尚友堂

（大○波○）
詞已非子路所及料矣乃無何嘖有後言曰孰為夫子一夫夫子之
（○軒○起○）名類非田家所能知而丈人意中又未嘗不有一夫子在也盖自
世風日下孔氏思欲以一已之力援天下人泉石中士固皆心稔
其行旌而耳而目之矣故鳳兮有詠德衰致誚於楚狂一葦難杭（鍍○金○錯○采○）
誰易見譏於桀溺等而上之尼山木鐸識天意之攸歸洙土清音
嘆有心於憂擊縱不必見其所見而正無不聞其所聞彼皤然黃
髮携杖来前情寧異耶顧其芳馨自遺幽篁獨處既勿樂乎彈冠
又奚悉夫行客則其排紛紜而自潔聊逍遙以容與亦無足怪且（○路○轉○峰○迴○花○明○掷○瑲○）
吾聞之農家不以栖皇而略其業田父不以問答而謝其勤以弟

豐草以薅荼蓼西疇其未可荒也爾乃瞻彼中田不憚戛畦之苦
勤茲穡事宛餘世外之風則見猶是蓧也而荷則釋矣猶是杖也
而植而芸矣將毋遂其逸志以遺遠者歟抑以十畝閑閑為征人
示厥樂歟斯時也丈人固已高甚而吾特不觧子路於此何以遂
波瀾御奏都佳
拱而立也稽諸禮弟子遭先生於道正立拱手於是有弛其度者
迴顧上
咸讓其失禮以鳴謙也亦以彰敬以定分也亦以昭恭茲者值天
二句滿紙雲烟
涯之失路將悵悵乎何之感音問之咸湮徒耰鋤之在目顧乃手
恭足重循作止之常儀正色整容終弗改乎此度其故何居吾因
之有感矣世有同心志連一德風之盛也望寔殷焉吾儒命世得

意無聞就令岐途邂逅握手言歡方寸躊躇尚難滿志乃彼則世外而任優游此則局中而敦溫雅未免有情誰能遣此今也厥風遠水流烟極目無際邈矣然而芸者儵然立者肅然猶可溯逸致於田間緬遺徽於道左也而丈人者惜終不知何許人也

斷續處俱與古會而麗藻翩翩更饒騷人風致殆胸中自具錦繡耶

劉天錫

〇〇〇孰爲夫子　而立　　一名　蔣元益

答欲見聖者以慢辭簡與恭有各見者焉蓋丈人本不知夫子故以孰爲夫子答子路也植杖而芸拱而立簡與恭不有各見者歟嘗思迹之不相謀而遇之遼相值者不必所對之非問也即其折所問以爲對而一時云爲動作之間彼已若無餘於情此常若有餘於意相需殷而相遇踈有各見其異者焉丈人既以勤四體分五穀責子路矣斯時也丈人扶杖而陳辭子路卑立而敬聽方冀且有後言或詔以夫子之所在也而孰意丈人又言之壟壟也曰孰爲夫子宇宙本曠然耳處局外以閒觀擾擾者何所定乎問栖皇於道路悉數之而

更僕難終也則子意中之所期未必即我目中之所見安得卒爾以相求人生亦適然耳但取攜於在我役役者何自苦乎與斯世為浮沉交臂焉而仍若失之也則我目中之所見并非我意中之所期安得漫然以相示言已不顧則見其植杖而芸焉夫亦惟是勤我四體云耳分我五穀云耳噫丈人於子路何如者哉其在丈人或亦有所托之故勞形以沒世雜種以終身即此際之不輟耰鋤未可津以干畢遯迹必當傾蓋而在子路則別有所見之深由目非情語言彌可味則此際之旁皇道左久竚敢以一時邂逅薄待同羣雖時丈人微窺之蓋拱而立云或舒或肅既而而其相形或簡或嚴亦格格而

不入此時各見其所見丈人不知也子路不言也即一時負耒耜纔
而畝耦耕饁野之衆但見有一人焉揖詞作色芸草而力諸原又一
人焉守默[illegible]容拱手而立於側亦相評以為彼何人斯何若是之
俯而一恭也是知至聖之行藏原非易測問津踪於遼合及以來野
老之譏而賢者之謙抑隨處而彰肅儀度於當躬亦易起達人之慕
然則丈人不識夫子其亦由子路以識夫子之為夫子而可哉

天總截評

春容大雅盛世元音

孰為夫　　蔣

孰為夫子　而立　蔣元益

答欲見聖者以慢辭簡有以起其恭焉蓋丈人本不知夫子故以
孰為夫子答子路也植杖而芸拱而立簡與恭不有各見者與嘗
思迹之不相謀而遇之適相值者不必所對之非問也即其折所
問以為對而一時云為動作之間彼已彼無餘於情此常若有餘
（恰在阿堵中）
於意相與於無相與其氣象有各異者焉丈人既以勤四體分五
穀責子路矣斯時也丈人扶杖而陳辭子路竚立而敬聽方奠且
有後言或詔以夫子之所在也而孰意丈人又言之落落也曰孰
為夫子宇宙本曠然耳局外閒觀擾擾者何所定乎問栖皇於道

闈墨從繩　　乙丑會試　　尚友堂

路迷數之而更僕難終也則子意中之所期未必即我目中之所見安得率爾以相求入生亦遑然耳取攜在我役之者何自苦乎與斯世為浮沉交臂焉而仍若失之也則我目中之所見并非我

對更妙非欲探懷一時定是石怒胸襟如此

意中之所期安得漫然以相示之言已不顧則見其植杖而芸焉夫亦惟是勤我四體云耳分我五穀云耳噫丈人於子路何如者哉

周密

其在丈人或亦有所托之故吾勞吾形吾辨吾種則此際之不輟

頰上添毫

耰鋤未可律以千里逢迎必當傾蓋而在子路則別有所見之深面目非不情語言彌可味則此際之旁皇道左又寧敢以一時邂

權得

逅薄待同群維時蓋拱而立云或舒或肅既兩兩其相形或簡或

真際

嚴亦格格而不入此時各見其所見丈人無言也子路無言也即一時負耒耜緣南畝耦耕饁野之衆但見有一人焉舒詞作色芸草而力諸原又一人焉守默修容拱手而立於側亦相訝以為彼何人斯何若是之一倨而一恭也是知至聖之行藏原非易測萍蹤諮於適合反以来野老之譏而賢者之譏抑隨處而彰儀度肅於當躬亦易起達人之慕然則丈人不識夫子其亦由子路以識夫子之為夫子而可哉

中間正處描寫已盡此從側面繪出猶是先正章程

一倨一恭似有意似無意一粘色相便失神理作者心遊象外不即不離自是軼群神品

孰為夫子　而立

錢維城

以不知聖自謝賢者已心異其人矣盖夫子之為夫子丈人豈真不知而植杖而芸者自若也此子路所以心知其異而敬之乎今夫人之相知與不相知其不在形迹之間也久矣顧有時我不知人而人轉以我不知之故而知之愈深盖郎漠不相關之問答而即默相感動之精神一時之意象至今猶歷歷如繪也一如子路所廻欲見者夫子而丈人頎責以不勤不分子路于此得毋躑躅而不前乎雖然丈人于夫子何如者哉東西南北之遊誰具有心之物色則一旦當驅馬遄臻亦第以為不知誰何之人忽遇于越陌

（全題在搖飄忽不群）

（虛喝）

（就丈人心中寫出孰為一答）

度阡之側原非若耦耕不輟類向者問津不告之沮溺也此亦丈
想當然得好
人所不暇致詳者也蘇陳蔡之郊非復杏壇之函丈乃一旦歷
説寸路問津擬執為一答
野田草露遽執一漠不相關之子自道其先生長者之稱則豈謂
裁對自然
傾蓋言歡必盡若款門請見之封人乎此又丈人所急不解意者
也然則丈人不知而以執為夫子答也宜也而吾特怪其植杖而
身在籠中心遊天外
芸者何也同此察時觀變之識則氣類之所感可相通于不言故
磬聲一擊辟世者猶將聆徵音而想像生平况其交臂而來者亦
既心焉數之矣乃自安其作苦之習而聊托十畝以自藏反覺僕
僕道途殊為多事而并一時師弟之號亦若為野人創見駭聞之

語蓋其行高而其志甚矯矣具此畏天憫人之懷雖邂逅之相遭
亦寫心而如接故石門一過有心者猶能遇弟子而想見先生況
襯拓得開卷舒自如
其率爾而問者亦既如將見之乎乃淚抑其迫切之衷而且即反
有以相詰殊覺周道諮詢適成相左而并一時芟柞之事亦借為
當前徵心託諷之端蓋其迹徵而其意甚微矣子路之拱而立也
將眼前故寔隨
其殆有微窺乎其際者乎意欲伸則情不妨屈昔者接輿歌鳳孔
手拈來十分姿媚
子下車固春法有素矣以觀丈人其夷猶不屑不有迥殊于俗者
歟班荊握手固不嫌以一言莫逆聯茲意氣于立談神相洽則形
不能睽畧者山梁嗅雉致感知時固會心不遠矣以觀丈人其作

止自得亦有相感于微者歟心遠地偏固不等于兩意分馳慢作世情之酬對不然方迫欲見夫子何暇拱立道傍向旁若無人之勢長華似飛泉落老農如執弟子禮哉蓋東魯之音容久不入幽人之夢想則今日孰為一語不妨覼面而有遐心尼山之興從亦時接高士之周旋則此際拱立相莊雖有異情而如同調覩其止宿殷勤卒盡賓主之禮而返而知丈人非固為誕慢而子路之拱立有由然也

不事矜奇就題款曲相引偏於彛常敌實中翻襯烘染倍覺蘊藉風流秀骨天成粃糠盡掃

小講將兩不知陪入。朱將夫子兩字掃倒。跌落孰爲愈有力。

上文之下。此句之上。知何期前看他照眼上二句爲出不知所

○○○孰爲夫子　錢謙益

隱士不欲知聖人而直拒以不知焉夫丈人則知有隱而已烏知夫子想其傲然而對曰（開口即以孰爲）異哉子之以夫子問也（不妨直入但去此亦得恐初學忽之易有急）子夫子爲誰耶吾老于田間久矣衣冠儒雅之容（突之滿）吾目笑而不知爲何狀車塵馬足之苦吾心駭而不知爲何因況子夫子非有平居過從之雅道途托宿之緣也而遽問我曰夫子（顛夫子轉出孰爲來）吾將釋此勤四體分五穀者而執途人而問之則不可（二比在孰爲之前）吾將就此勤四體

謂之敍來反復如話。
一比正還題面。一比應車塵馬足之音。一比應衣冠儒雅之容。
二比從對面翻轉看。
妙甚

分五穀者而適途人而問之則不能吾所知惟是（已急合、孰為無常氣矣）
襏衣塗體之事長以沒世而已烏知此之憑軾而過（看他重用閒筆作鬆）
者為子之夫子吾所知者惟是農夫田父之輩談笑
往還而已烏知彼之適貌而來者為子之夫子就令
爾夫子猝而過此彼烏知我之俯仰笑傲者為何如
人彼之不知我猶我之不知彼也即令我之猝而遇
子我又烏知子之奔走風塵者為何許人我且不知
子又安知子之夫子耶且子之夫子能如我之荷杖

而立于田間◎則將與之共勤四體共分五穀出作入息之相偶◎又何至窮途相失徘徊顧望堯堯焉遲我老農◎而問以夫子哉◎子往矣無妨吾事◎

應起　帶收帶落

前緣上文跌落後從對面翻騰筆筆寫得孰爲二字透快于此而不開悟直頑石之不如也◎

孰爲夫子植其杖而芸子路拱而立　乙丑遺巻　顏　璹

識賢者之尋師、而賢者心為之折矣、夫子路以夫子問、而丈人曰孰為夫子、其有微以相諷者乎、子路拱立之敬有以耳、蓋昔者聖人以用世為心。而皇皇弗息。凡在天下。莫不知有夫子矣。顧有知之而佯為不知者。方外之趣向本不同歸也。而因其不知轉見為相知者。聖門之心目自有特識也。或則無情謝之。或則加意承之。一時道左遺逢之異。有可並誌焉。如子路之以夫子問也、蓋謂丈人必相知耳。而頓責以四體之不勤也、五穀之不分也、斯時途中竚足。而相刺謬。彼殷勤向問者。固已大乖來意矣。而大人且盡之曰孰為夫子。鳳德雖衰。天下猶欽其羽儀。則悲憫之形容。常在人世矣。而丈人若為素未聞也。曰爾自有夫子也者。殊非我桑麻之儔。與襏襫之侶也。意爾曹私相引重焉。以有此名稱而向野老以喋喋。亦覺訪詢之已。

（棐云神吻畢肖）

左磬聲可辨。聞者猶識其逸響。則民物之隱憂。久有共恝矣。而丈人若為弗相習也。曰爾則有夫子也者。畎畝中未嘗有此人。閭井閒并不解有此號也。吾野人朝夕而休焉。呼不越農叟。而來此品目之彬彬。殊覺入耳之增訝。丈人之意。謂夫子亦不知所勤者乎。

（何云此段方綰上文即）

謂夫子亦不知所分者乎。而行且用自勤也。

（落植杖安頓植杖即透拱立細脫宗翰鬼斧神工）

用自分也。植杖而芸。務乃業也。隱相示也。而子路意中之夫子乃不禁爽然若失矣而子路目中之丈人乃不禁隱然難忘矣其不識我夫子者其心非我夫子者耶夫車馬僕僕之下舉念時切於民依思我夫子未或一日忘稼穡之艱難也子曰何其蓋勿思矣我心其事彼身其業意趣不能以相共而要其高致奇蹤不可謂非觀變之有深者也尋常作息之間而庸有此老乎其不知我夫子者其深刺夫吾徒者耶夫馳驅驅之勞自分難托於力民由也日從夫子亦寧不見夫代食之維好哉展如之人見識早矣吾為其忙爾為其暇語次且大相譏彈而要其曠識達言不可謂非閱世之已熟者也道塗倉卒之際胡忽而相遭乎於是丈人故示

（何云化工之筆）（最云拱立寫得渾脫不似）（他人板滯）

以倨。子路益滋以恭。向田間而悵望。似深以簡賢數言。心折高人之致。丈人若傲以拒。子路益禮以接。依隴畔而徘徊。未敢以邂逅相遇。頓忌敬老之儀。拱馬而立、子路亦微窺丈人之言動。而有以傾其意也哉。大抵賢流志趣各異。故外至聖而不謀。而吾黨大道為公。故睹伊人而作肅。夫子路從夫子遊。其所遇者又如此。而丈人亦用以禮子路矣。

以全力鼓鑄而仍不損其迴翔游泳之神傑作也龔醇齋夫子

有起有落有住無起無落無住極淡極平極簡不淡不平不簡文章老境也何康吉

孰為夫子　而立　顧聯

不知聖者惟知耕、賢者心企其人矣、夫夫子固非丈人所知也、謝子路之問而惟事於芸、丈人則誠異矣、子路有心、能無拱立以致敬乎、且人世之相逢不必曾相識者而後可相感也。故有意中所欲覯者而道旁之人每以無心置之遂示以吾行吾事之素亦有意外所偶值者而吾黨之士偏以有心識之遂樂輸其心儀心寫之誠一時語言行事不妨各誌之以見其一倨而一恭焉如丈人責子路以勤四體分五穀也、斯時問夫子者猶佇立以待也、徵邂逅於旁觀亦謂夫子之容儀儼恪夫固盡人可識也。溯行踪而急

（題位分明天開日朗）

（翻起上截）

闈墨從繩　乙丑會試　尚友堂

（而句格調高超）

為指示原不必以服穡力田之事示我征人詢萍踪於逆旅亦謂
丈人之耕畬稍暇或亦猝然一遇也履南畝而悉數行人又何妨
於于耜舉趾之餘蹟以前路乃丈人竟曰孰為夫子辭何倨也言
畢遂植杖而芸業何勤也彼蓋以野老之胸襟與風塵之面目各
不相關也雖有衣冠劍佩之子而隴畔之徃來者豈必禮貌以相
（反鈎拱立意）（神光遠注）
迎故徂隰徂畛杳不問驅車之誰氏而田家之作苦與周道之倭
遲各不相涉也雖有雍容肅穆之儒而拮据於中田者豈必皇然
而起敬故主伯亞旅亦惟知芟柞之弗遑斯時丈人非特不知有
（透子路一筆下正好撥即轉勢如驚鴻陡落）
夫子并不知有子路矣然子路已心異其人矣匪兕興歌誰識杳

檀之芙貌彼丈人既以十畝之寬閒自勞其手足則極車馬紛紜（上兩句寫出子路起敬意）（二比仍帶）之數犨無足關心而惟是耕雨犂雲之下覺力廻者情閒形勞者神逸守歲月而安耕鑿其蕭然高寄原不在尋常物色之中東門致誚誰欽洙泗之冠裳彼丈人既以三農之作息難緩於須臾則凡天涯客路之儔皆未遑致詢而惟是露明風舉之餘覺畝畆自有勞人泉石原非寄傲勤稼穡而事西疇其介然自持固不同權魯編氓之列此子路之所以拱而立也（借映不落實）不然歌鳳德于車前問迷津而不答其人皆素知夫子者何不聞子路之改容而禮也惟此丈人其言語甚真其狀貌甚古其淡漠在形迹之際其浹洽在志（繳清上截正收足下句）

氣之間安得以其不知吾夫子而少之哉要之臭味有差池則耳目不堪追憶遂以各行所事者微示以作息之常而性情有真賞則貌言未敢相輕雖以率爾致詞者亦不禁氣容之肅迫攜杖偕歸則丈人亦有以知子路矣

鎔裁入妙華潤中更饒矜鍊周規折矩應徵含宮

徐煥文